河南大学经济学学术文库

生产性服务业集聚与资源错配改善

杨校美 著

RESEARCH ON THE PRODUCER SERVICE AGGLOMERATION
AND RESOURCES MISALLOCATION IMPROVEMENT

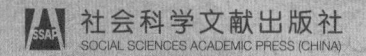

社会科学文献出版社
SOCIAL SCIENCES ACADEMIC PRESS (CHINA)

本书感谢国家社会科学基金一般项目"经济新常态下中国生产性服务业发展的统计研究"（项目编号：17BTJ004）、中国博士后科学基金第11批特别资助项目"生产性服务业集聚与资源错配改善的统计研究"（项目编号：2018T110719）、河南省高校科技创新人才支持计划（人文社科类）（项目编号：2020－cx－022）的资助。

总 序

　　河南大学经济学科自1927年诞生以来，至今已有近90年的历史了。一代一代的经济学人在此耕耘、收获。中共早期领导人之一的罗章龙、著名经济学家关梦觉等都在此留下了足迹。

　　新中国成立前夕，曾留学日本的著名老一辈《资本论》研究专家周守正教授从香港辗转来到河南大学，成为新中国河南大学经济学科发展的奠基人。1978年我国恢复研究生培养制度以后，周先生率先在政治经济学专业招收、培养硕士研究生，并于1981年获得首批该专业的硕士学位授予权。1979年，河南大学成立了全国第一个专门的《资本论》研究室。1985年以后，又组建了河南大学历史上的第一个经济研究所，相继恢复和组建了财经系、经济系、贸易系和改革与发展研究院，并在此基础上成立了经济学院。目前，学院已发展成拥有6个本科专业、3个一级学科及18个二级学科硕士学位授权点、1个一级学科及12个二级学科博士学位授权点、2个博士后流动站、2个一级省重点学科点、3000多名师生规模的教学研究机构。30多年中，河南大学经济学院培养了大批本科生和硕士、博士研究生，并且为政府、企业和社会培训了大批专门人才。他们分布在全国各地，服务于大学、企业、政府等各种各样的机构，为国家的经济发展、社会进步、学术繁荣做出了或正在做出自己的贡献，其中也不乏造诣颇深的经济学家。

在培养和输出大量人才的同时，河南大学经济学科自身也造就了一支日益成熟、规模超过120人的学术队伍。近年来，60岁左右的老一代学术带头人以其功力、洞察力、影响力，正发挥着越来越大的引领和示范作用；一批50岁左右的学者凭借其扎实的学术功底和丰厚的知识积累，已进入著述的高峰期；一批40岁左右的学者以其良好的现代经济学素养，开始脱颖而出，显现领导学术潮流的志向和实力；更有一大批30岁左右受过系统经济学教育的年轻人正蓄势待发，不少已崭露头角，初步展现了河南大学经济学科的巨大潜力和光辉未来。

我们有理由相信河南大学经济学科的明天会更好，经过数年的积累和凝练，它已拥有了支撑自己持续前进的内生动力。这种内生动力的源泉有二：一是确立了崇尚学术、尊重学人、多元发展、合作共赢的理念，营造了良好的学术氛围；二是形成了问题导向、服务社会的学术研究新方法，并据此与政府部门共建了中原发展研究院这一智库型研究平台，获批了新型城镇化与中原经济区建设河南省协同创新中心。学术研究越来越得到社会的认同和支持，也对社会进步产生了越来越大的影响力和推动力。

河南大学经济学科组织出版相关学术著作始自世纪交替的2000年前后，时任经济学院院长许兴亚教授主持编辑出版了数十本学术专著，在国内学术界产生了一定的影响，也对河南大学经济学科的发展起到了促进作用。

为了进一步展示河南大学经济学院经济学科各层次、各领域学者的研究成果，更为了能够使这些成果与更多的读者见面，以便有机会得到读者尤其是同行专家的批评，促进河南大学经济学学术研究水平的不断提升，为繁荣和发展中国的经济学理论、推动中国经济发展和社会进步做出更多的贡献，我们从2004年开始组织出版"河南大学经济学学术文库"。每年选择若干种河南大学经济学院在编教师的精品著述资助出版，也选入少量国内外访问学者、客座教授及在站博士后研究人员的相关著述。该文库分批分年度连续出版，至今已持续10年之久，出版著作总数多达几十种。

感谢曾任社会科学文献出版社总编辑的邹东涛教授，是他对经济学学术事业满腔热情的支持和高效率工作，使本套丛书的出版计划得以尽快达成并付诸实施，也感谢社会科学文献出版社具体组织编辑这套丛书的相关负责人及各位编辑为本丛书的出版付出的辛劳。还要感谢曾经具体负责组织和仍在组织本丛书著作遴选和出版联络工作的时任河南大学经济学院副院长刘东勋教授和现任副院长高保中教授，他们以严谨的科学精神和不辞劳苦的工作，回报了同志们对他们的信任。最后，要感谢现任河南大学经济学院院长宋丙涛教授，他崇尚学术的精神和对河南大学经济学术事业的执着，以及对我本人的信任，使得"河南大学经济学学术文库"得以继续编撰出版。

分年度出版"河南大学经济学学术文库"，虽然在十几年的实践中积累了一些经验，但由于学科不断横向拓展、学术前沿不断延伸，加之队伍不断扩大、情况日益复杂，如何公平和科学地选择著述品种，从而保证著述的质量，需要在实践中不断探索。此外，由于选编机制的不完善和作者水平的限制，选入丛书的著述难免会存在种种问题，恳请广大读者及同行专家批评指正。

耿明斋

2004年10月5日第一稿，2007年12月10日修订稿，2014年6月21日第三次修订

摘　要

改革开放以来，中国经济历经数十年的高速增长，总量已跃居世界第二，但是粗放型增长模式的增长空间正在不断缩小，亟待向提高资源配置效率的增长模式转变。粗放型经济增长模式所带来的地区、行业、部门之间的资源错配，不仅导致资源配置效率的低下，影响短期的总量产出，还影响到经济长期的产出组合方式，使经济增长的可持续性受到严重挑战。同时，随着信息技术的发展、全球分工的加快和服务外包的出现，生产性服务业不仅在都市区集聚，而且集聚程度更是远超制造业。基于集聚这种空间组织形式，生产性服务业不仅能够实现中间投入规模经济、共享熟练劳动力，而且可以更好地吸收来自同行、供给方和需求方的正向知识溢出，进而通过推进专业化分工、降低交易成本、推动区域创新等途径改善资源错配，提高资源配置效率。那么，中国生产性服务业的集聚程度如何，呈现什么样的特征？中国资源错配的程度如何，呈现什么样的特征？中国生产性服务业集聚能否改善资源错配？这些是本书关注的重点问题。

本书在已有研究文献基础之上，尝试从生产性服务业集聚、生产性服务业不同集聚模式、生产性服务业与制造业协同集聚三个视角构建生产性服务业集聚影响资源错配的机制，并基于中国 2005 ~

2018年286个地级及以上城市的面板数据，在测度出各个地级及以上城市资本错配和劳动力错配指数的基础上，通过构建动态面板计量模型，采用系统GMM方法，实证检验了生产性服务业集聚对资源错配的作用效果。结果表明，第一，中国各个地级及以上城市均存在一定程度的资本错配和劳动力错配，且各个地级及以上城市间有明显的差别。另外，中国的资本错配和劳动力错配均存在明显的路径依赖，且劳动力错配指数的路径依赖时间比资本错配指数的路径依赖时间更长。第二，生产性服务业集聚能显著改善中国整体的资本错配和劳动力错配，但这种改善效应存在明显的地区、行业和城市规模异质性特征。第三，生产性服务业专业化集聚和多样化集聚均能有效地改善中国整体的资本错配和劳动力错配，且专业化集聚比多样化集聚更能改善中国的资源错配。无论是专业化集聚还是多样化集聚对资源错配的影响均存在明显的地区、行业和城市规模异质性特征。第四，生产性服务业与制造业协同集聚可以有效地改善中国整体的资本错配与劳动力错配。但这种改善效应在不同地区、不同行业和不同城市规模之间存在明显的异质性特征。

基于以上研究结论，可以得出如下政策启示。第一，各城市应以生产性服务业集聚为主要抓手改善资源错配。各城市应该依据自身要素禀赋、区位优势和产业结构特征，适度提升本地区生产性服务业集聚水平，以市场化需求为导向，出台更为精准和有效的产业政策，鼓励生产性服务业加快形成集聚，以生产性服务业集聚所产生的知识和技术溢出效应提升金融业专业化分工水平和优化劳动力市场结构，从而改善资本错配和劳动力错配。第二，各城市应该出台相关措施鼓励生产性服务业专业化集聚和多样化集聚共同发展，对于生产性服务业专业化集聚较弱的地区，应该在保持生产性服务业多样化集聚发展的基础之上，适度鼓励生产性服务业专业化集聚的快速发展。对于生产性服务业多样化集聚发展不足的地区,应该在保持生产性服务业专业化集聚发展的基础之上,更多地关注和促进生产性服务业多样化集聚的发展。第三,各城市在关注生产性服务业集聚和制造业集聚的同时,应该更加注重如何促进生产性服务业与制造业协同集聚,以生产性服务业与制造业协同集聚为抓手和着力点形成产业互动,以此为契机,通过"两业"协同发展的手段减少资本要素和劳动力要素流动的障碍,提高资本市场和劳动力市场的一体化程度,从而引导资本和劳动力等生产要素合理流动,进而改善资本和劳动力错配。

目 录

第一章 导 论 / 1
  第一节 为何要研究生产性服务业集聚与资源错配改善？/ 1
  第二节 生产性服务业相关概念的界定 / 5
  第三节 资源错配相关概念的界定 / 11

第二章 生产性服务业集聚与资源错配相关研究文献梳理 / 15
  第一节 生产性服务业集聚的效应 / 16
  第二节 生产性服务业与制造业协同集聚的效应 / 24
  第三节 资源错配的原因、测度与改善路径 / 34
  第四节 对生产性服务业集聚与资源错配相关研究文献的评述 / 48

第三章 中国生产性服务业集聚和资源错配现状 / 51
  第一节 中国生产性服务业发展现状 / 51
  第二节 中国生产性服务业的集聚、不同集聚模式和产业协同集聚现状 / 64
  第三节 中国资源错配现状 / 73

第四章　生产性服务业集聚对资源错配改善的影响 / 83

　　第一节　生产性服务业集聚影响资源错配改善的机制
　　　　　　机理分析 / 84

　　第二节　模型构建、相关变量选择与数据说明 / 88

　　第三节　生产性服务业集聚影响资源错配改善的实证分析 / 92

　　第四节　结论及政策建议 / 104

**第五章　生产性服务业集聚与资源错配改善：专业化还是
　　　　　多样化 / 108**

　　第一节　生产性服务业不同集聚模式影响资源错配改善的
　　　　　　机制机理分析 / 110

　　第二节　模型构建、相关变量选择与数据说明 / 116

　　第三节　生产性服务业不同集聚模式影响资源错配改善的
　　　　　　实证分析 / 119

　　第四节　结论与启示 / 132

**第六章　生产性服务业与制造业协同集聚对资源错配
　　　　　改善的影响 / 136**

　　第一节　生产性服务业与制造业协同集聚影响资源错配
　　　　　　改善的机制机理分析 / 137

　　第二节　模型构建、相关变量选择与数据说明 / 140

　　第三节　生产性服务业与制造业协同集聚影响资源错配改善的
　　　　　　实证分析 / 143

　　第四节　结论与政策建议 / 158

第七章　结论及政策建议 / 162

　　第一节　研究结论 / 162

　　第二节　政策建议 / 165

参考文献 / 168

图目录

图 3-1　2004~2019 年中国生产性服务业增加值的演变轨迹 / 53

图 3-2　2004~2019 年中国生产性服务业各细分行业增加值的演变轨迹 / 55

图 3-3　2004~2019 年中国生产性服务业各细分行业增加值占总的生产性服务业增加值比重的演变轨迹 / 55

图 3-4　2004~2018 年中国生产性服务业城镇单位就业人口演变轨迹 / 57

图 3-5　2004~2018 年中国生产性服务业各细分行业城镇单位就业人口演变轨迹 / 58

图 3-6　2004~2018 年中国生产性服务业各细分行业城镇单位就业人口占生产性服务业城镇单位就业人口比重的演变轨迹 / 59

图 3-7　2003~2017 年中国生产性服务业全社会固定资产投资及其占比演变轨迹 / 61

图 3-8　2003~2017 年中国生产性服务业各细分行业全社会固定资产投资 / 62

图 3-9　2003~2017 年中国生产性服务业各细分行业全社会固定
　　　　资产投资占生产性服务业全社会固定资产投资的比重／63
图 3-10　2005~2018 年中国分地区生产性服务业集聚程度／66
图 3-11　2005~2018 年中国分地区生产性服务业专业化集聚
　　　　 程度／69
图 3-12　2005~2018 年中国分地区生产性服务业多样化集聚
　　　　 程度／70
图 3-13　2005~2018 年中国分地区生产性服务业与制造业协同
　　　　 集聚程度／72
图 3-14　2005~2018 年中国分地区资本错配指数的变化趋势／80
图 3-15　2005~2018 年中国分地区劳动力错配指数的变化趋势／81
图 5-1　 生产性服务业不同集聚模式影响资源错配改善的
　　　　 作用机理／115

第一章 导 论

第一节 为何要研究生产性服务业集聚与资源错配改善?

改革开放四十多年来,中国经济经过持续高速增长,进入高质量发展阶段,取得了令世界瞩目的成就。这主要得益于改革红利所引发的资源重新配置带来的全要素生产率的不断提高。随着高度集中的计划经济转变为以市场作为资源配置决定力量的市场经济,市场价格逐步取代计划价格成为调控资源配置的主要手段,产出的扭曲大大缩小。同时,城乡二元结构的改善,促使资本和劳动力等生产要素从农业部门流向非农业部门,随之而来的是要素扭曲程度的减小。基于要素市场和产品市场资源错配程度的降低,中国经济才保持了长时期较快增长的态势。

尽管如此,众多的研究表明,中国依然存在较为严重的资源错配,进而导致要素配置效率和全要素生产率下降,引致实际产出的降低(Dollar and Wei,2007;Hsieh and Klenow,2009;陈永伟和胡伟民,2011;王林辉和袁礼,2014;陈诗一等,2019;杨校美和肖红叶，2020）。比如，Dollar 和 Wei（2007）通过对 12400 家中国企业的研究发现，如果减少资本扭曲，可以在不增加投入的前提下，使中国的 GDP 增加 5%。即使在经济中的所有企业要素边际产出相等，通过重新分配要素，仍可以带来产量提升（Banerjee and Moll，2010）。Hsieh 和 Klenow（2009）的研究发现，假如中国的资本要素和劳动力要素能够像美国那样重新配置，制造业企业全要素生产率还能够提高 30%~50%。陈永伟和胡伟民（2011）认为，中国制造业的增长一直都是依靠大量廉价要素的投入拉动的，要素价格扭曲导致的行业间资源错配，造成了制造业实际产出降低 15%~20%。

资源错配已经成为中国经济增长变缓的诱因之一。与此同时，中国经济面临资源、环境等多重约束，产能过剩等结构性问题也日益凸显。为了保持中国经济的韧性和长期竞争力，党的十九大报告明确强调"以供给侧结构性改革为主线，推动经济发展质量变革、效率变革、动力变革，提高全要素生产率"。从供给侧进行结构性改革，有效化解资源错配问题成为当前中国转变经济发展方式、实现经济可持续发展过程中亟待解决的重要议题之一。

同时，产业布局的合理性对资源配置效率的提高和经济的高质量发展起着至关重要的作用。随着专业化分工的不断细化深化和经济的持续高速发展，中国的产业结构和产业布局也发生了重大的变革，产业结构向高级化和高度化演进，而产业布局也呈现明显的集聚化特征，涌现了众多具有鲜明特色的产业集群。目前我国几乎每一个城市都有一张产业集群的"名片"，比如东莞的电子产业群、汕头的玩具产业群、廊坊的家具产业群等（余淼杰，2020）。产业集群既有利于专业化分工的深化，降低交易成本，产生正向溢出效应，也有利于中国出口（Long and Zhang，2011）。产业集群效应带来的价值，让中国的产业链、供应链和创新链具有十分明显的比较优势。

另外，相对于制造业集聚，生产性服务业由于知识、信息和技术密集的特性，知识和技术溢出性更强，集聚水平更高。特别是随着信息技术的日新月异、全球价值链的深度发展和服务外包的出现，生产性服务业在空间上的集聚已经成为经济发展过程中的典型事实，如伦敦金融服务业集聚区、北京中关村IT服务业集聚区和上海陆家嘴金融贸易集聚区等。

此外，生产性服务业集聚所产生的技术溢出效应和对本地区乃至周围地区产业结构优化与经济增长的重要推动作用也越来越引起政策制定者的重视和关注，它们从国家层面出台相关政策措施支持生产性服务业集聚发展。比如，2014年，《国务院关于加快发展生产性服务业促进产业结构调整升级的指导意见》指出"适应中国特色新型工业化、信息化、城镇化、农业现代化发展趋势"，"因地制宜引导生产性服务业在中心城市、制造业集中区域、现代农业产业基地以及有条件的城镇等区域集聚"，显示出政策上依托生产性服务业集聚缓解资源错配、提高资源配置效率的发展方向逐渐明朗。

已有研究对生产性服务业集聚的经济增长效应进行了广泛的讨论（Bosker，2007；刘军和徐康宁，2010；王明益，2012；Carlos，2013；Wetwitoo and Kato，2017；Frick and Rodriguez-Pose，2018），得出了一些富有启发性的研究结论。但关于生产性服务业不同集聚模式的资源错配改善效应和经济增长效应还未充分展开研究，尤其是关于生产性服务业不同集聚模式对资源错配的影响存在显著的差异性（Simonen et al.，2015）的研究还有待进一步加强。根据Marshall-Arrow-Romer理论，产业集聚发生在行业内部，通过行业内部企业之间的相互联系，既可以为行业发展提供必要的、具有互补性的资产和活动，又能降低企业的供应成本，提升投入与产出市场的专业化水平，进而提高技术水平和资源利用效率（Marshall，1920；

Arrow，1962；Romer，1996）。而 Jacobs（1969）则认为，产业多样化更能促进企业的创新活动。根据这个观点，知识溢出更容易发生在行业之间，而不是行业内部，通过将互补性的企业或经济活动集聚在一起，降低搜寻成本，并产生"相互孕育"效应，增强创新机会，促进经济增长（Frenken and Boschma，2007）。

改革开放以前，由于历史、经济基础和国际关系的原因，中国仿照苏联发展模式，采用大而全的产业发展布局，多样化集聚的发展倾向较为明显。改革开放后，随着全球产业转移、专业化分工不断细化及市场化进程的推进，广东、浙江和福建等东部沿海地区的特色小城不断涌现，专业化集聚的发展倾向更为明显。而不同的集聚模式会对资源流动、资源配置效率以及经济的发展质量产生不同的影响。尤其是相对于制造业，生产性服务业具有产业关联度高、知识溢出性强和人才密集度高等特征，其集聚程度更高，已经成为世界各国推动科技创新、优化产业结构和促进经济增长的重要引擎。因此，在中国稳步推进供给侧结构性改革和要素市场化配置改革的大背景下，研究生产性服务业不同集聚模式影响资源错配改善的作用机制和作用效果，具有重要的理论和现实意义。

此外，随着制造业服务化、服务业制造化和产业融合发展的不断深入推进，生产性服务业与制造业协同集聚发展的态势越来越明显。生产性服务业与制造业是经济发展的两轮，只有双轮驱动协同发展才能提高制造业与生产性服务业的协同集聚程度，才能发挥生产性服务业在产业融合之间的黏合剂作用，才能促进不同产业部门之间互动发展实现后发赶超，才能避免中国被锁定在全球价值链的低端，才能扭转中国成为低水平的"世界工厂"（Gaulier et al.，2007）的不利局面，才能实现产业结构优化升级和供给侧结构性改革。随着产业结构升级、工业经济向服务经济转型，以及社会分工精细化、专业化程度提高,产业价值链从"大而全,小而全"的制造业向知识技术密集型的生产性服务业转移。发达国家的生产性服务业能实现1∶1或者高于1∶1转换为创新价值,而中国的生产性服务业只能实现1∶0.56转化为创造价值,主要是生产性服务业为制造业服务,但两者协调程度不高,协同定位集聚程度能力有限,存在资源错配(Riddle,1986;徐从才和丁宁,2008;张虎等,2017)。当前,一个显著的特征事实是,经济发达的国家或地区均实现了现代服务业与先进制造业的"双轮驱动",产业协同集聚成为优化产业布局、促进结构转型的重要手段(陈建军等,2016)。与此相适应,中国各城市也相继提出积极发展生产性服务业,使城市产业结构由制造业单一驱动向制造业与服务业"双轮驱动"转化(江曼琦和席强敏,2014)。

那么,随着中国经济步入新常态和供给侧结构性改革的深入推进,中国生产性服务业集聚水平如何?中国生产性服务业专业化集聚和多样化集聚水平如何?中国生产性服务业与制造业协同集聚水平如何?生产性服务业集聚对中国资源错配改善会产生什么样的影响?专业化集聚和多样化集聚对中国资源错配改善的影响又存在怎样的差异?生产性服务业和制造业协同集聚对中国资源错配改善的影响如何?这些正是本书关注的重点问题。

第二节 生产性服务业相关概念的界定

一 生产性服务业的含义及其分类

生产性服务业是推动全球产业结构优化升级的重要力量。那么,什么是生产性服务业?生产性服务业如何分类?这是我们首先要厘清和解决的问题,而在已有研究文献中对于生产性服务业的含义及其分类则存在较大的争论。一般而言,国民经济中的服务业包括很多部门和行业,那些为生产者提供作为中间投入的服务的部门与行业被统称为生产性服务业(Producer Service Industry,也被称为"生产型服务业"或"生产者服务业",本书统一称为"生产性服务业")。生产性服务业从20世纪50年代就开始在西方的经济发展中发挥重要作用。多年来,生产性服务业已经成为西方发达国家经济结构中增长最快的部门。

而关于生产性服务业的定义在不同的学者中则存在明显的差异,比如,Machlup(1962)从生产性服务业的内涵对生产性服务业进行了界定,他认为生产性服务业应该是生产知识和技术的产业。1996年,美国经济学家Greenfield(1966)在研究服务业及其分类时,最早提出了生产性服务业的概念,并认为生产性服务是可用于商品和服务的进一步生产的非最终消费服务,是指市场化的中间投入服务。生产性服务是生产者在生产性服务市场上购买的服务,是为生产、商务活动等中间主体而提供的服务。Browning和Singelman(1975)则从服务业所具有的功能出发,按照功能分类对生产性服务业的概念和含义进行了界定,他们认为生产性服务业主要包括金融、保险、法律工商服务、经纪等知识密集和为客户提供专门性服务的行业。Hubbard和Nutter(1982)、Daniels(1985)等人认为,服务业可以区分为生产性服务业和消费性服务业,生产性服务业的专业领域是消费性服务业以外的服务领域,并将货物储存与分配、办公清洁和安全服务也包括在内。Howells和Green(1986)则认为生产性服务业包括保险服务业、银行服务业等金融服务业和其他商业服务业,如广告和市场研究,以及职业和科学服务,如会计、法律服务、研究与开发等为其他公司提供的服务。而香港贸易发展局则认为生产性服务业包括专业服务、信息和中介服务、金融保险服务以及与贸易相关的服务。Marshall等（1987）也对生产性服务业的内涵做出了类似的界定，认为生产性服务业应该包括提供与信息处理相关的服务活动（如研发、广告、市场调研、传媒等），与实物商品相关的服务活动（如商品的存销、废弃物的处理、设备的安装、维护与修理等），与个人支持相关的服务活动（如保洁服务等）的服务业。而加拿大学者Grubel和Walker（1989）则认为，所谓的生产性服务业，就是指"那些被其他商品（goods）和服务（services）的生产者用作中间投入的服务"，因而也被称为"中间投入服务"，与直接满足最终消费需求的消费者服务相比，生产性服务满足的是商品和服务的生产者对服务的中间使用需求。

相对于国外研究而言，我国在生产性服务业的界定及分类上面则起步较晚，且相关学者和研究者的结论也存在较大分歧。其中，最具权威的分类是2006年《中华人民共和国国民经济和社会发展第十一个五年规划纲要》中将生产性服务业分为交通运输业、现代物流业、金融服务业、信息服务业和商务服务业的分类。《北京市"十一五"时期服务业发展规划》中提出，北京市发展生产性服务业的重点行业是金融业、信息服务业、科技服务业、现代物流业、商务服务业和会展业，要培育一批具有自主知识产权的服务品牌骨干企业（集团）。上海市经济和信息化委员会开展的一项研究认为，生产性服务业总体上可以划分为资本服务类、会计服务类、信息服务类、经营组织类、研发技术类、人力资源类、法律服务类等七大类别，在这七大类别下，又可以分为43个子行业。

但是随着信息技术的飞速发展，新技术、新产品、新模式和新业态如雨后春笋般不断涌现，对原有的生产性服务业内涵及分类产生了较大的冲击，生产性服务业的相关统计也面临巨大的困难和挑战。已有的关于生产性服务业内涵和分类的界定既不利于相关学者展开研究，也不利于官方的统计工作的展开，急需一种与时俱进的、更能反映现代经济发展特征的、具有官方权威的生产性服务业内涵及分类体系。为此，2015年，国家统计局根据《国务院关于加快发展生产性服务业促进产业结构调整升级的指导意见》《国务院关于印发服务业发展"十二五"规划的通知》的要求，为界定生产性服务业范围，建立各地区、各部门生产性服务业统计调查监测体系，将生产性服务业定义为为生产活动提供的研发设计与其他技术服务、货物运输仓储和邮政快递服务、信息服务、金融服务、节能与环保服务、生产性租赁服务、商务服务、人力资源管理与培训服务、批发经纪代理服务、生产性支持服务。并将生产性服务业分为10个大类、34个中类和135个小类。

时隔四年之后，2019年，依据《国民经济行业分类》（GB/T 4754—2017），国家统计局对《生产性服务业分类（2015）》进行了修订。这次修订延续了2015版的分类原则、方法和框架，根据新旧国民经济行业的对应关系，进行结构调整和行业编码的对应转换，并充分考虑与生活性服务业统计分类标准的衔接性，对部分内容进行了修订，形成《生产性服务业统计分类（2019）》。该分类的范围包括为生产活动提供的研发设计与其他技术服务，货物运输、通用航空生产、仓储和邮政快递服务，信息服务，金融服务，节能与环保服务，生产性租赁服务，商务服务，人力资源管理与职业教育培训服务，批发与贸易经纪代理服务，生产性支持服务。包含10个大类、35个中类和171个小类。《生产性服务业统计分类（2019）》和《生产性服务业分类（2015）》相比，虽然在大类上没有增减都是10个大类，但在中类和小类上对生产性服务业分得更为细致，从2015版的34个中类增加到2019版的35个中类，从2015版的135个小类增加到2019版的171个小类。《生产性服务业统计分类（2019）》展现出覆盖面更广、颗粒度更细的特征。

二　生产性服务业范围的界定

根据生产性服务业的内涵，并考虑到统计数据分析的可靠性、准确性和权威性，本书的生产性服务业分类遵循《生产性服务业统计分类（2019）》的划分标准，并根据《中国统计年鉴》中关于生产性服务业的统计口径，将10个大类的生产性服务业进行整理和加总。本书最终选取交通运输、仓储和邮政业，信息传输、计算机服务和软件业，金融业，租赁和商务服务业，科学研究、技术服务和地质勘查业这五大类作为生产性服务业的代表。在本书中所有关于生产性服务业的分类标准均由这五大类来表示。

三　生产性服务业的特征

到目前为止，国内外关于生产性服务业的定义与分类还未形成比较一致的、为大家所普遍接受的范式。但从生产性服务业的内涵来看，可以做出如下界定：生产性服务在理论内涵上是指被其他商品和服务的生产用作中间投入的服务，即可用于商品和服务的进一步生产的非最终消费服务，因而也被称为"中间投入服务"或"配套服务"，它能够满足制造业、商务活动和政府管理对服务的中间使用需求。从表现形态来看，生产性服务业包括两种形态：一种是仍然内部化在产业或者部门（包括政府部门与非政府部门）当中还没有外部化的非独立形态；另一种是已经外部化、市场化的独立形态。与独立形态的生产性服务相对应的产业或部门就是生产性服务业，也就是市场化的生产性服务提供者的集合。

生产性服务业，作为一种主要面向商品和服务的生产者而提供服务的产业或部门，可以通过降低社会交易成本、促进专业化分工的深化与泛化、推动人力资本和知识资本深化、培育产业竞争优势、增强产业自主创新能力等多种途径与方式，支撑产业转型升级和竞争力提升。相对于生活性服务业和其他行业而言，生产性服务业主要有四个方面的显著特征。一是提供的产品是非物质性的中间投入品，而非最终产品，且随着分工的逐渐深化，其提供的产品的重要性不断提高，是被服务企业生产成本的重要组成部分（刘志彪，2006）。二是提供的产品是知识密集型和技术密集型产品，依赖大量的人力资本和知识资本投入，产品附加值高，是将日益专业化的人力资本和知识资本引入商品生产的飞轮（Grubel and Walker，1989）。三是较强的异质性和垄断竞争性，因为产品主要依靠人力资本投入和知识资本投入，是"定制化"的产品，具有垄断竞争的特征（刘志彪，2005；张美文，2006）。四是具有高度空间集聚特征，表现出明显的大城市布局倾向（Beyers，1993），能够增强城市动能，辐射带动周边经济的发展。

另外，生产性服务业与现代服务业之间具有紧密的内在联系。现代服务业与传统服务业相对应，是指受生产和生活方式进步、社会分工细化的深入影响而加速发展的服务业以及运用现代科学技术、新型服务方式及新型经济形态对传统服务业进行改造而呈现现代特征的服务业（来有为，2010）。现代服务业主要包括四个领域：一是基础服务，二是生产性服务，三是个人消费服务，四是公共服务。大力发展现代服务业是我国经济高质量发展的必然选择，也是我国产业结构优化升级的必然要求。从现代服务业的发展特征和发展潜力来看，生产性服务业是现代服务业的核心部分，发展现代服务业应以生产性服务业为重点和突破口。

更为重要的是，生产性服务业中的很多行业是以高新技术、工艺、创意为支撑的高技术服务业，这些行业是智力密集和技术密集型产业，实现了独立发展，从业人员的创新能力强，对相关产业的发展具有明显的支撑和带动作用，主要包括技术研究和开发、工业设计、专业技术服务、计算机服务、信息传输和软件服务、科技交流和推广服务、数字内容服务等行业。

第三节 资源错配相关概念的界定

一 资源错配的内涵

发展经济学中的一个重要问题是，为什么一些国家如此富裕而另外一些国家则如此贫穷？两个典型事实可以捕捉到富裕国家和贫穷国家之间的重要差异。第一，人均产出在富裕国家和贫穷国家之间存在较大的差异（Restuccia et al., 2008）。Restuccia 等（2008）研究发现，全世界前5%最富有国家的人均总产出是全世界前5%最贫穷国家人均总产出的34倍。第二，不同国家全要素生产率存在巨大的差异。其中，人均物质资本和人力资本方面的差异可以在很大程度上解释不同国家之间收入的差距，但还有一部分差距主要是由全要素生产率所导致的。全要素生产率和人均产出具有非常强的相关性，一般而言，全要素生产率较高的国家或地区其人均产出水平也比较高，而全要素生产率较低的国家或地区其人均产出水平也相对较低。所以，理解全要素生产率方面的差异是我们理解不同国家或地区之间收入差距至关重要的一步（Klenow and Rodriguez-Clare, 1997；Prescott, 1997；Hall and Jones, 1999；Hsieh and Klenow, 2009）。

贫穷国家全要素生产率低下的一个根本原因是已有技术的无效使用，或者是发达国家的生产技术向贫穷国家的扩散速度缓慢，上述两个原因导致了贫穷国家企业层面全要素生产率的低下（Howitt，2000；Rodriguez-Clare and Fischer，2005）。然而，上述研究成果中所涉及的模型大多是以企业层面的跨国数据为研究对象，都是基于企业内部效率低下视角展开的。而近期的研究则将焦点聚集在行业或部门内部的生产单元之上，总的全要素生产率不仅依赖企业层面的全要素生产率，还依赖要素投入在这些生产单元之间是如何配置的。如果市场运行是有效率的，那么利润最大化的企业就会根据它们的全要素生产率进行要素投入的选择。相反，如果在一个市场中生产单元并不是按照市场化机制运行的，或者是并不是按照全要素生产率进行要素投入选择的，那么将会产生要素投入错配的问题，从而导致总的全要素生产率下降。也就是说，资源错配剥夺了部门内部生产单元依据它们的全要素生产率发掘它们潜在的生产能力的机会。既然资源错配在人均产出、全要素生产率和经济增长中发挥着如此重要的作用，那么，什么是资源错配？资源错配的定义和内涵是什么？这是我们接下来亟待解决和回答的问题。

所谓资源错配是相对于资源优化配置而言的，是一个相对概念。如果资源可以充分自由流动，实现帕累托最优，那么就是有效配置，不存在错配。而错配（Misallocation）则是偏离了这种理想状态，生产要素在配置过程中存在一定程度的扭曲或者错配。而对于"Misallocation"一词如何翻译，国内的相关学者或研究者还尚未达成统一，还存在一定程度的争论。比如，国内有部分学者如杨振和陈甬军（2013）与聂辉华和贾瑞雪（2011）将其译为误置。本书遵循袁志刚和解栋栋（2011）、陈永伟和胡伟民（2011）、史晋川（2012）等人研究文献的译法，将其译为"错配"。市场化机制运行顺畅与否是决定资源配置是否有效的关键因素,健全的市场化运行机制可以优化资源配置,提高资源配置效率。不健全的市场化运行机制则会阻碍生产要素的正常和合理流动,使生产要素无法配置到生产效率更高的行业或部门,从而产生生产要素的不合理配置,也就是所谓的资源错配,资源错配已经成为制约企业生产效率提高的重要因素。

二 资源错配的分类

在厘清了资源错配的内涵之后,接下来分析的重点将是资源错配的分类问题。资源错配包含哪些类别?资源错配是如何分类的?从现有研究文献看,对于资源错配如何分类的研究比较有代表性、引用率最高、界定相对比较准确的一篇文献当属陈永伟(2013)的研究。他认为,从技术角度看,错配可以分为两种:内涵型错配和外延型错配。内涵型错配是指依据经济学基本原理,假定在完全竞争的市场上所有企业的生产技术水平是凸的,那么最优配置应该是生产要素在每一家企业的边际产出相等,不然就存在矫正错配、提高产出的空间。外延型错配则是指在一个经济体内所有企业的生产要素边际产出均相等的条件下,仍能够通过要素重新配置带来产量提升的情况。而 Banerjee 和 Moll(2010)还对外延型资源错配产生的原因进行了探究。他们的研究发现,外延型错配的产生可能是由以下两个方面的原因引起的。第一,经济中的某些企业存在生产技术非凸的情况。比如说,如果经济中的某个企业是规模报酬递增的,那么再按照等边际法则来配置各企业间的资源就不能实现最优产出。相反,将所有资源都集中到这个规模报酬递增的企业进行生产或许能够获得更高的产出。第二,经济中的潜在进入企业存在更高的生产率。由于进入壁垒的存在,一些高生产率的潜在企业往往无法进行生产。在这种情况下，即使我们发现所有"在位者"的边际产出都相等，也不意味着经济中的资源实现了最优的配置。事实上，如果将一部分"在位者"拥有的资源交给潜在的进入者使用，那么整个经济体的全要素生产率和产出就能得到大规模的提升。

目前，关于资源错配的研究主要集中在内涵型错配上。根据本书的研究目的和数据的可获得性，为了和已有研究文献保持一致，本书中的资源错配是指内涵型错配。

第二章　生产性服务业集聚与资源错配相关研究文献梳理

产业集聚和资源错配问题一直以来都是学界、政界和媒体界关注的焦点问题之一。如何通过制定合理的产业政策鼓励和支持产业集聚，如何通过产业集聚来改善本地区乃至一个国家的资源错配。这些对于学者、政府官员和媒体记者来说都是极富吸引力的。而在以生产性服务业与制造业"两业"融合发展和"双轮"驱动发展为大背景的当下，产业集聚更多地表现为生产性服务业集聚、制造业集聚以及生产性服务业与制造业协同集聚。因此，生产性服务业集聚与资源错配改善问题就成为我们目前关注的重点。从已有研究文献看，关于生产性服务业集聚与资源错配改善之间关系的研究主要集中在以下三个方面：第一，生产性服务业集聚的效应研究；第二，生产性服务业与制造业协同集聚的效应研究；第三，资源错配问题研究，包括资源错配产生的原因、资源错配的测度和改善资源错配的途径。接下来我们对这三个方面的研究成果进行详尽的梳理、分析和讨论，以期为本书研究主题的展开提供必要的文献支撑。

第一节　生产性服务业集聚的效应

生产性服务业作为面向生产者服务的行业，是从制造业内部生产服务部门逐步分离和发展起来的，可以通过直接的服务或间接的知识溢出效应，作用于整个工业生产过程，不断推动技术进步和生产效率的提升。20世纪50年代以来，生产性服务业在制造业领域的作用不断变迁，从管理功能（润滑剂作用）到促进功能（生产力作用）再到今天的战略功能（推进器作用）（盛丰，2014），生产性服务业的发展得到了越来越多国家或地区的重视。20世纪80年代以来，生产性服务业发展迅猛，逐渐取代制造业成为经济增长的主要动力和创新源泉（Bayson，1997）。虽然理论上认为，生产性服务业根源于制造业中间需求的分工深化、专业化生产的增长，以及制造业内部服务部门的外部化，围绕制造业而发展，但随着信息技术、互联网技术的深度发展，生产性服务业与制造业的地理邻近性、"面对面"接触要求被削弱，生产性服务业的可交易性增强，生产性服务业也呈现较为明显的空间集聚趋势（陈建军等，2016），甚至有比制造业更为明显的集聚趋势，如伦敦金融服务业集聚区、加利福尼亚州多媒体集聚区（Amin and Thrift，1995）、北京中关村IT服务业集聚区以及上海陆家嘴金融贸易集聚区等生产性服务业集聚区如雨后春笋般不断涌现。

自Scott（1988）首次提出"服务业集聚"这一概念以来，学界逐渐将研究重点放在了生产性服务业集聚方面，加之生产性服务业的集聚特性，使它更是远超制造业集聚逐渐成为产业集聚研究方面的一大亮点。从现有研究文献看，国内外关于生产性服务业集聚的研究颇丰，且主要集中在以下两个方面：一是生产性服务业集聚与制造业发展的关系；二是生产性服务业集聚与经济增长的关系。接下来我们分别对这两个方面进行详细的梳理和分析。

一 生产性服务业集聚与制造业发展的关系

生产性服务业作为生产制造业中间投入品的行业，其在空间上的集聚会对制造业的发展带来怎样的影响？学者们对此进行了深入的研究，研究结果均认为，生产性服务业在空间上的集聚不仅能够提升自身产业效率，而且会通过提升专业化水平（Markusen，1989）、降低中介服务成本和交易成本（Eswaran and Kotwal，1989）等提升制造业效率。

比如，宣烨（2012）利用2003～2009年247个城市样本数据，实证检验了中国城市生产性服务业空间集聚对制造业效率的空间外溢效应，其研究结果表明，生产性服务业在空间上的集聚会产生外溢效应，这种空间外溢效应不仅有利于本地区制造业效率的提升，而且能促进周边地区制造业的优化升级。盛丰（2014）就生产性服务业集聚与制造业升级的机制和经验进行了研究，并在此基础之上，利用2003～2011年全国230个城市数据，采用空间计量模型分析了生产性服务业空间集聚对制造业升级的影响及其空间外溢效应，也得出了与宣烨（2012）相类似的结论。而程中华等（2017）进一步的城市面板数据实证分析还发现，生产性服务业集聚对制造业效率的影响存在一定的区域边界，生产性服务业集聚的空间外溢效应会随着空间地理距离的增加而呈现不断下降的趋势。于斌斌（2017）利用空间计量模型对生产性服务业集聚与我国城市制造业生产率之间的关系进行了实证检验，研究发现我国城市制造业生产率与生产性服务业集聚存在显著的空间相关性，生产性服务业集聚对我国城市制造业生产率的影响存在显著的行业结构、地区和城市规模异质性特征。而且从外部效应看，生产性服务业集聚的多样化外部性（Jacobs外部性）可以提高城市制造业生产率，生产性服务业集聚的专业化外部性（MAR外部性）则对城市制造业生产率产生了不利的冲击，而生产性服务业集聚的竞争外部性（Porter外部性）则对城市生产率的影响不显著。

张浩然（2015）则认为生产性服务业不仅会影响制造业效率，还会对城市经济绩效产生影响，高端生产性服务业集聚可以有效地提升城市经济绩效，但低端生产性服务业对城市绩效的影响不显著。刘奕等（2017）则从生产性服务业与制造业协同的角度入手，来探讨生产性服务业集聚对制造业产业升级的影响，结果表明，相对于基本性生产性服务业集聚，支持性生产性服务业集聚对制造业升级的作用更大。高康和原毅军（2020）认为生产性服务业空间集聚产生的正外部效应是推动制造业升级的重要动力，他们在集聚外部性理论和新经济地理理论的基础之上，将生产性服务业空间的外部效应与制造业升级的内涵纳入一个分析框架中，并利用城市面板数据实证检验了二者之间的作用机制和传导途径。检验结果显示，生产性服务业空间集聚可通过促进内含知识溢出的研发要素流动以及降低污染排放强度两条途径推动制造业升级，且生产性服务业空间集聚对制造业升级具有倒 U 形的非线性作用机制，研发资本流动、资源错配以及污染排放强度在其中发挥了正向调节作用，但明显会受到研发资本流动量的门槛约束。而李晓阳等（2022）则研究了生产性服务业集聚对制造业绿色转型升级的影响，他们的研究发现，在全产业层面上，生产性服务业专业化集聚对制造业绿色转型升级的影响显著为负，而多样化集聚对制造业绿色转型升级的影响则显著为正；分产业层级的估计结果显示，高端生产性服务业专业化集聚的负向影响较中低端的更小，多样化集聚的正向影响较中低端的更大。而且信息通信技术在生产性服务业集聚与中国省际制造业绿色转型升级两者关系中具有正向调节作用，但这种调节作用在中低端生产性服务业集聚与制造业绿色转型升级的关系中更大。

上述关于生产性服务业集聚与制造业发展关系的研究均是基于城市面板数据的研究，尚属于宏观层面的分析，并未深入城市的微观层面。而喻胜华等（2020）则将中国工业企业数据、中国海关进出口数据和中国城市数据结合在一起，从城市微观企业数据出发，实证检验了生产性服务业集聚是否会促进制造业价值链攀升。他们的研究表明，生产性服务业集聚能够通过规模经济效应降低企业成本、技术溢出效应放大企业生产率等途径推动中国制造业向价值链高端攀升，且生产性服务业集聚对制造业价值链攀升的影响效应在企业贸易类型、所在地区、所有制类型方面存在差异。张文武等（2020）以生产性服务业集聚的出口传导效应为切入点，采用我国222个城市数据和微观工业企业数据，通过 Cloglog 模型研究了生产性服务业集聚对企业出口生存的影响并进行了异质性和传导机制的扩展分析。研究发现，生产性服务业集聚通过专业化分工外溢、综合成本节约效应降低企业面临的出口风险，提高企业出口生存的概率，但上述效应表现出明显的滞后性特征。另外，从不同技术含量的生产性服务业集聚效果看，高端生产性服务业集聚对延长企业出口持续时间具有显著的正向效应，而低端生产性服务业集聚由于拥挤效应阻碍了企业出口的生存和可持续，内资企业和非国有企业表现得尤为突出。同时，生产性服务业集聚的影响还具有显著的地区异质性，其影响效果基本保持着东部地区高，而中西部地区相对较低的态势。

除了基于城市面板数据以及将城市面板数据与微观企业数据结

合在一起研究生产性服务业集聚对制造业发展的影响，也有为数不多的研究者基于更为宏观的省级面板数据的研究视角来探讨生产性服务业集聚与制造业发展之间的关系。比如，韩峰和阳立高（2020）在集聚经济和熊彼特内生增长理论基础上构建了生产性服务业集聚影响制造业结构升级的理论分析框架，基于中国 31 个省份的面板数据，并采用动态杜宾模型实证检验了生产性服务业集聚对制造业升级的影响机制。研究结果表明，生产性服务业专业化集聚通过规模经济效应和技术外溢效应，对本地和周边地区制造业结构升级产生显著促进作用，而多样化集聚仅通过规模经济效应促进本地区制造业结构升级，且从效应持续的时间看，长期效应大于短期效应。

二 生产性服务业集聚与经济增长的关系

生产性服务业在空间上的集聚除了会对制造业效率和制造业发展带来影响，还会对经济增长产生深远的影响，尤其对城市经济的发展更是如此。生产性服务业由于其所具有的知识、资本和技术密集的特性，其在城市特别是大城市及城市群中更容易在空间上形成集聚，从而对城市及城市群的经济增长和经济发展产生影响。Wood（2006）、Aslesen 和 Isaksen（2007）的研究都认为生产性服务业集聚所带来的知识溢出和技术扩散能够促进城市经济发展。韩峰等（2014）采用面板系统 GMM 探讨了 2003~2011 年中国 284 个地级及以上城市生产性服务业集聚对城市化的作用机制。他们的研究发现，生产性服务业专业化和多样化集聚主要通过技术溢出效应作用于人口城市化，且专业化集聚的作用效果更明显；而生产性服务业空间集聚则侧重从需求方面通过规模经济效应作用于人口城市化。进一步分地区层面的检验结果显示，生产性服务业专业化集聚对西部地区的作用强于东部、中部地区，而多样化集聚则对东部和中部相对发达地区影响更为显著；生产性服务业空间集聚对人口城市化的影响由东向西依次递减。

王帅和吴传琦（2019）在构建生产性服务业集聚影响城市经济增长理论模型的基础上，利用全国 35 个大中城市的面板数据实证考察了生产性服务业集聚对城市经济增长的影响及其行业异质性。研究结果表明，生产性服务业集聚对现代城市经济增长存在显著的促进作用，相较于传统生产性服务业部门，以金融业、科学研究和技术服务业为代表的现代生产性服务业集聚发展对经济增长的促进作用更为强劲。同时，就城市发展现阶段而言，生产性服务业集聚的经济增长效应并没有呈现显著的阶段性特征，线性发展特征仍占主导地位。而邓琰如和秦广科（2020）则研究了生产性服务业集聚对经济高质量发展的影响，他们以 2004~2016 年沿海省份地级及以上城市面板数据为研究样本，基于空间滞后模型研究生产性服务业集聚促进经济高质量发展的作用机制以及空间溢出效应。研究结果表明，生产性服务业集聚能够通过促进本地区产业结构的优化、生产率的提高，对本地区经济高质量发展起到显著的促进作用。

上述研究均是以生产性服务业整体集聚或生产性服务业各细分行业内部集聚为研究视角，而未关注到生产性服务业的专业化集聚和多样化集聚对经济增长的影响，对此已有学者将研究的视角扩展到生产性服务业的不同集聚模式方面。比如，于斌斌（2019）构建了生产性服务业集聚影响产业结构升级的理论框架，并基于中国城市数据，运用动态空间面板模型和门槛面板模型实证检验了生产性服务业集聚对产业结构升级的影响。结果显示，生产性服务业集聚主要通过 Porter 外部性促进产业结构升级，而生产性服务业集聚的 MAR 外部性和 Jacobs 外部性对产业结构升级存在显著的抑制作用，且生产性服务业集聚对产业结构升级的影响受制于城市规模。温婷

（2020）以全国281个地级城市为研究样本，采用空间计量模型，实证检验了生产性服务业集聚对区域经济增长的影响。检验结果表明，生产性服务业集聚不仅能够对本地区经济增长产生促进作用，还对周边城市经济增长存在正向溢出效应，但这种促进作用还有待于进一步加强。另外，不同生产性服务业行业集聚对经济增长的影响存在显著的差异性，其中，信息服务业、金融业和商务服务业的行业内集聚能够促进本地区经济增长并对周边城市经济增长产生正向溢出效应，而物流业和科技服务业的行业内集聚对本地区及周边城市经济增长均具有不利的影响。

生产性服务业集聚主要发生在城市内部，尤其是更容易在城市群内部集聚。自改革开放以来，由于各地区要素禀赋和国家政策支持力度的不同，中国呈现多个城市群集聚的现象。那么，不同城市群内部生产性服务业集聚会对当地经济和邻近地区经济产生怎样的影响？已有学者对此进行了深入分析和讨论。比如，黄繁华和郭卫军（2020）利用空间杜宾模型实证研究了生产性服务业集聚对长三角城市群经济增长效率的影响及空间溢出效应。他们的研究发现，生产性服务业集聚不仅能够显著提升本地区的经济增长效率，还对邻近城市具有正向的空间溢出效应，但这种影响在生产性服务业的细分行业之间存在一定异质性。而余奕杉等（2020）以长江经济带三大城市群的城市面板数据为例，利用空间杜宾模型和空间回归模型偏微分方法，考察了城市群内生产性服务业集聚影响经济高质量发展的本地直接效应与城际间接效应，研究结果表明，生产性服务业集聚能够促进长江经济带三大城市群经济高质量发展，但三大城市群产业集聚效应的来源存在明显差异。刘书瀚和于化龙（2020）则同时将长三角、珠三角和京津冀三大城市群纳入分析框架，考察了生产性服务业集聚对区域经济增长的影响。研究结果表明，珠三角城市群生产性服务业集聚对本地区和相邻地区经济增长均具有显著的正向影响，而长三角城市群和京津冀城市群生产性服务业集聚对本地区和相邻地区经济增长的影响均不显著。

上述研究的结果均表明生产性服务业集聚既有利于提高城市经济绩效，又有利于促进本地区乃至邻近地区的经济增长，但也有少数研究者认为生产性服务业集聚并不总是有利于经济增长，也可能会给本地区经济发展带来不利的影响。文丰安（2018）实证检验了生产性服务业集聚的经济增长质量效应，认为生产性服务业集聚不利于提升城市经济增长质量，原因是生产性服务业集聚的拥挤效应阻碍了经济增长质量的改善。与之相反，曾艺等（2019）的研究发现生产性服务业集聚能够显著改善一个城市的经济增长质量，不过会对周边城市的经济增长质量造成一定的影响。李斌和杨冉（2020）基于2004~2017年全国285个地级市的面板数据，从经济效益、社会效益及资源环境效益三个维度构建城市经济绩效综合指标评价体系，采用空间杜宾模型实证分析生产性服务业集聚对城市经济绩效的影响。研究显示，生产性服务业专业化集聚和多样化集聚均有助于提升经济绩效，并存在显著的正向外部溢出效应，其空间溢出边界分别为350千米和300千米。

而陈蕊（2021）则基于DEA-Malmquist指数法计算了2003~2018年我国261个城市的全要素生产率，并运用空间杜宾模型，从行业、区域和城市异质性的视角分析生产性服务业集聚和城市全要素生产率之间的关系。研究结果表明，从全国层面看，生产性服务业集聚和城市全要素生产率之间存在先促进后抑制的倒U形关系。同时，生产性服务业集聚对城市全要素生产率的影响存在行业结构、地区差异及城市规模的异质性特征。罗超平等（2022）基于"本地-邻地"效应的研究视角，选取2003~2019年中国260个地级市的面板数据为样本，采用SBM-DEA模型构建了绿色创新水平评价指标体系，运用空间杜宾模型实证检验了生产性服务业集聚对城市绿色创新的影响。研究结果表明，生产性服务业集聚对本地绿色创新水平的影响呈现显著的U形特征，这种非线性影响能够在特定范围内产生空间溢出效应，其空间溢出边界为600千米，且生产性服务业集聚对城市绿色创新水平的作用随行业结构特征、地区发展差距、资源禀赋差异而表现出异质性特征。

第二节 生产性服务业与制造业协同集聚的效应

产业集聚作为产业发展演变过程中的一种典型空间组织形态，一直是产业经济学和空间经济学所共同关注的重要议题之一，也为国内外学者提供了极为丰富的研究素材与较大的分析空间。从新古典经济学时代开始到新经济地理学的兴起，其理论基础不断被夯实和完善，并日益成为跨学科的研究主题之一，相关研究逐步呈现多视角观察、多领域重叠、多学科交叉、多方法并用等特征。显而易见的是，在工业化和城市化进程到了一定阶段后，产业集聚现象不仅发生在制造业内部，还大量发生在制造业和作为中间投入的生产性服务业之间，尤其是在信息化、服务化、融合化等大背景下，这一趋势将越发明显。这就产生了如何在原有集聚理论的基础之上揭示两大关联产业集聚之间关系即协同集聚（Co-Agglomeration）这一重大命题，对这一命题的深入研究和探索无疑将具有重要的理论价值和实践意义，有助于丰富和完善区域产业分工与转型升级的相关研究理论，也可避免以完全专业化集聚或多样化集聚为基本逻辑的集聚经济研究所存在的较大分歧，从而促使各界关注的焦点从单一地注重提升产业集聚规模、追求专业化或多样化集聚效应迁移到关联产业协同集聚的空间、产业与制度抉择上来，为制定更精准的城市（群）空间功能分工体系提供一个新的选项。

从已有研究文献看，关于生产性服务业与制造业协同集聚方面的研究主要集中在以下四个方面：一是生产性服务业与制造业协同集聚现象；二是生产性服务业与制造业协同集聚对区域经济增长的影响；三是生产性服务业与制造业协同集聚对创新的影响；四是生产性服务业与制造业协同集聚对生态环境的影响。

一 生产性服务业与制造业协同集聚现象

从现有研究看，虽然从空间角度进行产业分析的文献已经出现不少，但是关于生产性服务业与制造业协同集聚的研究仍处于起步阶段（江曼琦和席强敏，2014）。Alonso-Villar 和 Chamorro-Rivas（2001）开创性地将生产性服务部门嵌入克鲁格曼的"中心－外围"模型，深入考察了生产性服务业与制造业协同集聚的演变机制。他们的研究发现，生产性服务部门更多集中在区域中心，而制造业则集聚在区域的外围地区。Klaus 和 Marcel（2005）从产业关联的视角入手，发现生产性服务业集聚对制造业集聚具有显著促进作用，即二者在同一空间范围内具有协同集聚的倾向。Andersson（2006）则考察了生产性服务业与制造业的协同定位现象，并使用区位决定方程分析了二者在空间区位选择时的互动作用。Ellison 等（2010）对产业协同集聚的微观机理进行了分析，并将协同集聚的动因归结为马歇尔集聚经济的三个经典解释，分别是劳动力市场共享、中间投入品以及知识溢出。陈国亮和陈建军（2012）从产业和空间两个维度切入，分析了中国城市二、三产业共同集聚的内在机制，基于地级及以上城市数据的实证结果表明，产业前后向关联是二、三产业共同集聚的主要动因。Ke 等（2014）通过构建联立方程组的方法考察了生产性服务业与制造业协同集聚的机理，认为相对于农村偏远地区，城市具备完善的生产性服务业设施，是吸引制造业企业设址的重要影响因素，反之亦然，即两个部门在同一城市具有协同集聚效应。而 Yuan 等（2017）则从城市就业分布的研究视角出发，研究发现生产性服务业的就业高度集中在城市中心，而制造业就业广泛分散在旧城和郊区，二者的分布状态具备协同集聚与空间可分离性特征。

二　生产性服务业与制造业协同集聚对区域经济增长的影响

随着生产性服务业与制造业协同集聚研究的深入推进，也有学者开始聚焦生产性服务业与制造业协同集聚的影响效应。这些研究者通常利用城市面板数据或城市群数据实证检验产业协同集聚对区域经济增长的影响，结果发现产业协同集聚可以提升城市生产效率，促进地区经济增长。比如，陈建军等（2016）基于融合创新与发展动力转换背景的研究视角，利用空间计量模型，实证检验了产业协同集聚对城市生产效率的影响，检验结果表明，产业协同集聚对城市生产效率提高有正向的促进作用，周边城市生产效率提升也能带动本地生产效率提高。但产业协同集聚对城市生产效率提高的空间外溢效应随距离增加而递减。另外，产业协同集聚的效率提高效应还存在显著的地区差异和行业异质性特征。刘叶和刘伯凡（2016）利用中国 22 个城市群 2003～2011 年的相关数据，检验了生产性服务业与制造业协同集聚对制造业生产效率的影响。研究结果显示，面向城市群的生产性服务业与制造业协同集聚，对制造业全要素生产率变化产生了正向影响，且技术进步而非技术效率的改进，是面向城市群的生产性服务业与制造业协同集聚提升制造业全要素生产率的主要途径。汤长安等（2021）利用中国 2003~2019 年 30 个省份的面板数据，采用空间计量模型，实证检验了生产性服务业与制造业协同集聚对区域经济增长的影响。结果表明，生产性服务业与制造业协同集聚能够提高生产效率，促进创新进步和经济增长，且这种促进作用具有显著的空间溢出效应，对实现区域经济"量"与"质"的增长具有重要意义。金浩和刘肖（2021）基于 2009~2018 年中国省级面板数据，实证检验了产业协同集聚对经济增长的影响。结果表明，产业协同集聚对经济增长具有直接促进作用，并通过促进技术创新发挥积极部分中介效应，即产业协同集聚可以促进经济增长模式由传统模式向创新驱动模式转型。另外，高端生产性服务业与制造业协同集聚通过区域创新对经济增长产生的部分中介效应强于传统生产性服务业与制造业协同集聚。

也有部分学者认为生产性服务业与制造业协同集聚与区域经济增长并不是简单的线性关系，而是非线性关系。比如，周明生和陈文翔（2018）以长株潭城市群为研究样本，实证检验了生产性服务业与制造业协同集聚对经济增长的影响，检验结果显示，长株潭地区生产性服务业与制造业协同集聚与地区经济增长表现出非线性的关系。豆建民和刘叶（2016）以 2003~2012 年中国 285 个地级市为研究样本，实证检验了生产性服务业与制造业协同集聚对城市经济增长的影响。估计结果显示，生产性服务业与制造业协同集聚对城市经济增长的影响存在双重门限效应，当城市规模小于 23 万人时，产业协同集聚对城市经济增长表现出抑制作用；当城市规模处于 23 万人和 200 万人之间时，产业协同集聚可以促进城市经济增长；当城市规模大于 200 万人时，受资源、环境等条件限制，产业协同集聚对城市经济增长显示出一定抑制作用。而张明斗和王亚男（2021）以中国 262 个地级及以上城市为研究样本，基于"本地-邻地"效应的视角，实证分析了制造业与生产性服务业协同集聚对城市经济效率的影响。研究结果表明，制造业与生产性服务业协同集聚对本地城市经济效率的影响呈现倒U形特征，对邻地城市经济效率的影响呈U形特征。短期内制造业与生产性服务业协同集聚对"本地－邻地"城市经济效率的影响呈U形，长期则表现为倒U形，且制造业与生产性服务业协同集聚对"本地－邻地"城市经济效率的短期效应与长期效应存在空间异质性。邢会等（2021）利用中国2009~2019年273个城市的面板数据，实证检验了生产性服务业与制造业协同集聚对城市制造业全要素生产率的影响，检验结果表明，生产性服务业与制造业协同集聚对城市制造业全要素生产率具有U形非线性影响。当两业协同集聚水平低于1.80的拐点值时，两业协同集聚会抑制制造业全要素生产率的提升；当两业协同集聚水平高于1.80后，两业协同集聚对制造业全要素生产率表现出提升效应，且在所研究的城市样本中，有多数城市两业协同集聚水平位于拐点的左侧。另外，两业协同集聚对城市制造业全要素生产率的影响因要素禀赋结构、自然禀赋和制度禀赋的不同而存在差异性。

另外一些学者从微观企业入手，进一步考察了生产性服务业和制造业协同集聚对企业全球价值链地位和产品出口国内附加值率的影响。研究均支持产业协同集聚有利于推动企业全球价值链地位攀升和产品出口国内附加值率提升的结论。比如，刘胜和陈秀英（2020）基于中国工业企业数据和贸易上游度的研究视角，分析了生产性服务业与制造业协同集聚对全球价值链分工地位的影响，结果发现，生产性服务业与制造业协同集聚有利于推动企业全球价值链地位攀升，且其要受到所有制性质、行业要素密集度、城市规模等因素的影响。白东北和张营营（2020）利用中国制造业微观企业数据，系统研究了产业协同集聚对制造业企业出口国内附加值率的影响。研究结果发现，产业协同集聚显著提升了制造业企业出口国内附加值率，产业协同集聚对东部地区制造业企业出口国内附加值率的影响显著，对高能耗类型企业出口国内附加值率的影响程度高于中能耗和低能耗类型企业，对国有企业出口国内附加值率的影响不显著，对混合贸易类型企业出口国内附加值率的正向作用要远远大于加工贸易与一般贸易企业。

不过，也有少数学者认为，产业协同集聚并未对城市生产效率产生显著的影响。比如，Helsley 和 Strange（2004）构建的一般均衡理论模型表明产业协同集聚在某些特殊情况下可能是无效率的。于斌斌（2015）采用随机前沿分析方法（SFA）测度 2003~2011 年中国 285 个地级及以上城市的经济效率，研究认为从全国样本看，制造业与生产性服务业的协同集聚会阻碍城市经济效率提升。而孟望生和邵芳琴（2021）以生产性服务业和制造业两大产业间要素层面的协同集聚为研究视角，结合中国 24 个省份 2009~2017 年的面板数据，采用差分 GMM 方法分析了产业协同集聚对绿色经济增长效率的影响效应。检验结果表明，总体上看，生产性服务业与劳动、资本和技术密集型制造业的集聚对绿色经济增长效率虽具有不同的影响效应，但目前均处于抑制阶段。从不同要素密集度的分行业估计结果看，只有高端生产性服务业与劳动、资本和技术密集型制造业的集聚对绿色经济增长效率具有促进作用，其他情况均为抑制作用。王燕和孙超（2020）基于高新技术产业与生产性服务业协同集聚的研究视角，分析了产业协同集聚对绿色全要素生产率的影响，结果表明，产业协同集聚对绿色全要素生产率的影响呈倒 U 形，且我国大部分地区处于倒 U 形的后半段，高新技术产业与生产性服务业协同集聚的拥挤效应开始显现。

三　生产性服务业与制造业协同集聚对创新的影响

纪祥裕和顾乃华（2020）使用 2003~2017 年中国 277 个地级及以上城市的面板数据，实证分析了生产性服务业与制造业协同集聚对城市创新的影响。结果表明，生产性服务业与制造业协同集聚显著提升了城市创新水平，且产业协同集聚对周边城市创新同样具有显著的正向外溢效应。原毅军和高康（2020）基于"中心－外围"研究视角，利用 2007~2016 年中国 31 个省份的面板数据，也得出了相类似的研究结论，即生产性服务业与制造业协同集聚不仅可以推动本地区创新效率提升，而且能够通过与研发人员的互动对周边地区的创新效率产生正溢出效应。而陈子真等（2019）的研究则认为，生产性服务业与制造业协同集聚有助于本地区创新，但对邻近地区创新的影响呈现"先抑后扬"特点。其中，支持性生产性服务业与制造业协同集聚有助于提高本地区和邻近地区创新水平，其空间溢出效果随着距离的增加逐步衰减。基础性生产性服务业与制造业协同集聚对本地区创新水平的影响不显著，会对邻近地区创新产生"虹吸效应"。

孟卫军等（2021）则基于生产性服务业细分行业与制造业协同集聚的研究视角，采用 2009~2017 年中国 28 个省区市的面板数据，运用网络 SBM-DEA 模型和面板 Tobit 模型，检验了科技服务业与高技术制造业协同集聚对创新效率的影响。结果表明，科技服务业与高技术制造业协同集聚可以有效地促进创新效率的提升。这种创新效率促进效应，在东部地区的技术研究阶段和成果转化阶段均显著，而在中部地区仅在成果转化阶段显著，西部地区仅在技术研究阶段显著。

刘军等（2020）基于中国 2009~2016 年省级面板数据，实证检验了产业协同集聚对区域绿色创新的影响。回归结果表明,产业协同集聚显著促进了区域绿色创新水平的提升,且产业协同集聚对东部地区绿色创新的影响要高于中西部地区。胡绪华等(2021)则以中国 2004~2017 年 261 个地级市面板数据为研究对象,实证检验了生产性服务业与制造业协同集聚对地区绿色创新的影响。研究结果显示,生产性服务业与制造业协同集聚能够显著提升地区绿色创新能力,且 2011~2017 年生产性服务业与制造业协同集聚的绿色技术创新效应更为明显。而城市异质性分析表明,较弱的产业耦合协同有利于促进一线与二线城市产业空间共聚的绿色创新效应提升,较强的产业耦合协同有利于三线、四线和五线城市产业空间共聚的绿色创新效应提升。

也有少数学者探讨了生产性服务业与制造业协同集聚对专利申请量的影响。比如,姚战琪(2020)则认为产业协同集聚对区域创新的影响与地区研发资本存量密切相关,当研发资本存量跨越一定门槛时,制造业与知识密集型服务业协同集聚会对发明专利和专利申请授权量产生积极影响,随着研发资本存量的不断增加,制造业与知识密集型服务业协同集聚对外观设计专利申请授权量的促进作用会逐渐减弱,但能显著促进发明专利和专利申请授权量的增长。丁焕峰等(2021)则研究了生产性服务业与制造业协同集聚对城市专利质量的影响,研究结果表明,产业协同集聚是促进地区创新的空间前提条件,生产性服务业与制造业协同集聚能显著提升城市专利质量水平,且这种提升作用主要依靠生产性服务业与制造业协同集聚所产生的知识外部溢出与分工深化效应。而且相对于欠发达地区,发达地区的产业协同集聚更能促进城市专利质量提升。另外,制造业与金融业、科研综合技术服务业、水利环境和公共设施管理业的协同集聚所带来的城市专利质量提升效应更加明显。

四 生产性服务业与制造业协同集聚对生态环境的影响

周明生和王帅（2018）以京津冀地区 2003~2015 年的城市数据为研究样本，从制造业集聚、制造业与服务业协同集聚角度分别考察集聚对环境污染的影响。结果表明，产业协同集聚与环境污染呈正相关关系，产业协同集聚会恶化京津冀地区的环境质量。与之相反，蔡海亚和徐盈之（2018）利用中国大陆 2003~2014 年的面板数据，利用空间计量模型，实证检验了生产性服务业与制造业协同集聚对雾霾污染的影响，估计结果显示，生产性服务业与制造业协同集聚对雾霾污染存在明显的改善作用。苗建军和郭红娇（2019）利用 2007~2016 年长三角城市群 30 个城市的面板数据，实证检验了生产性服务业与制造业协同集聚对环境污染的影响。研究结果表明，产业协同集聚利用互补性产业的协同作用，通过提高专业化水平、促进技术创新以及构建产业共生网络三条路径有效改善环境污染。蔡海亚等（2020）利用中国 2003~2016 年 30 个省区市的面板数据，实证检验了生产性服务业与制造业协同集聚对雾霾污染的影响，研究结果表明，产业协同集聚可以通过提升制造业效率来降低雾霾污染，提升环境质量。吉亚辉等（2021）则基于中国西北 5 省区 2009~2017 年的面板数据，利用动态空间杜宾模型和 E-G 协同集聚指数，实证检验了生产性服务业与制造业协同集聚对生态效应的影响。结果表明，生产性服务业与制造业协同集聚通过提高科技水平改善生态环境，具有显著的长期效用。同时，生产性服务业与制造业协同集聚不仅对本地区的生态环境改善有积极的促进作用，而且通过区域协调性对其他周边地区的生态环境也同样具有溢出效应。进一步的分析还表明，生产性服务业与制造业协同集聚对生态环境改善效应的大小依赖人力资本的数量，只有当人力资本数量超过临界值时，生产性服务业与制造业协同集聚的生态环境改善效应才能发挥出来。

也有部分学者认为产业协同集聚与环境污染之间并非简单的线性关系。比如，黄娟和汪明进（2017）选取2004~2014年中国285个地级及以上城市的面板数据，实证检验了生产性服务业与制造业协同集聚对污染排放的影响。估计结果显示，产业协同集聚与污染排放呈显著的倒U形关系，在城市产业协同集聚水平较低时，产业协同集聚加剧环境污染；随着产业协同集聚水平的不断提高，城市产业协同集聚水平在跨过拐点后能减少污染排放。中国大部分城市的产业协同集聚水平依然处于倒U形曲线的左侧，尚未达到减少污染排放的拐点。而陆凤芝和杨浩昌（2020）则以2003~2016年中国30个省份的面板数据为研究样本，实证检验了生产性服务业与制造业协同集聚对环境污染治理的影响。研究表明，产业协同集聚与环境污染治理呈稳定的倒U形关系，即短期内产业协同集聚表现为环境污染治理的阻力，但长期看又会逐步转化为环境污染治理的助力，且这种影响效应不具有地区差异性。

五 小结

综上所述，生产性服务业与制造业协同集聚的形成机制及其影响效应受到越来越多的关注，虽然已有研究文献就生产性服务业与制造业协同集聚对生产效率、经济增长、创新以及生态环境等方面的影响效应展开了深入而富有建设性的研究，但是探讨二者之间协同集聚的资源错配改善效应的文献则相对有限，仍需要进行进一步的深入分析和讨论。

第三节 资源错配的原因、测度与改善路径

一 资源错配产生的原因

相对于资源的有效配置和利用，资源错配会引发效率损失和产出下降，进而给国民经济发展带来不利的影响，这在大量已有研究文献中得到印证。例如，Dollar 和 Wei（2007）通过对 12400 家中国企业的研究发现，如果减少错配，对资本进行更加有效的配置，那么可以在不增加投入的前提下，使中国的 GDP 增加 5%。Hsieh 和 Klenow（2009）的研究也显示，如果按照等边际收益的原则对中国和印度的劳动力及资本进行重新配置，则中国的全要素生产率可以提升 25%~40%，印度的全要素生产率可以提升 50%~60%。陈永伟和胡伟民（2011）的研究发现，作为制造业大国的中国，其制造业的增长一直都是依靠大量廉价要素的投入拉动的，要素价格扭曲导致的行业间资源错配，造成了制造业实际产出降低 15%~20%。为此，2015 年 12 月，中央经济工作会议明确强调，要加大结构性改革力度，矫正要素配置扭曲，扩大有效供给，提高供给结构的适应性和灵活性，提高全要素生产率。为确保经济改革的有效性，我们亟待解决的一个焦点问题是，在中国经济增长过程中有哪些原因导致了资源错配的产生。针对上述问题，国内外研究者进行了有益的探索。

第一，国外的研究者和学者将资源错配产生的原因归结为金融市场摩擦、劳动力市场障碍、不合理的产业政策和市场信息不完全。从金融市场摩擦看，Jeong 和 Townsend（2007）是较早对金融市场摩

擦与经济发展之间关系进行研究的学者，他们的定量研究发现，泰国1970~1990年的全要素生产率（Total Factor Productivity，TFP）增长中有70%可以用金融部门的发展来解释。Amaral和Quintin（2010）、Greenwood等（2010）均对金融市场摩擦的长期影响进行了深入分析和讨论，他们认为金融市场摩擦是全要素生产率下降的主要原因，且由金融市场摩擦导致的全要素生产率的下降是惊人的。但Midrigen和Xu（2014）的研究却和上述研究文献的结论存在较大的差异，他们通过对韩国和哥伦比亚的研究发现，虽然这两个国家都存在较为严重的金融市场摩擦，超过一半的企业面临金融约束，且平均面临5%的外部融资溢价，但金融市场摩擦对这两个国家全要素生产率造成的损失非常小，其中韩国损失2%，而哥伦比亚的损失更小，仅仅为1%。另外，Buera和Shin（2013）对金融市场摩擦所导致的经济稳态收敛过程进行了研究，他们以"经济奇迹"国家的转轨过程为研究对象，发现尽管这些国家通过改革优化了资源配置，但由于金融市场摩擦的存在，这些国家向新稳态收敛的过程被大大延长，半程收敛时间通常是新古典模型预测的2倍。

从劳动力市场障碍看，Hayashi和Prescott（2008）通过考察1885~1940年日本阻碍农业部门劳动力转移的制度，解释了日本二战前经济的有限资本积累和低速增长，并且定量地指出，如果消除这种障碍，能使二战前日本人均GNP从美国的1/3上升到1/2，而且这一增长还只有下限，原因是并没有考虑到开放经济中日本利用比较优势进一步转移农业劳动生产力。Restuccia等（2008）将劳动力市场障碍引入两部门一般均衡模型，通过校准的方法研究了富国和穷国农业劳动生产率的差异。他们的研究发现，劳动力市场障碍是穷国农业劳动生产率低下的重要原因，且劳动力市场障碍在穷国并未得到有效的治理和改善。Munshi和Rosenzweig（2016）对印度农村与城市间存在较大的工资差异和农村男性劳动力迁移存在障碍的现象进行了分析，他们指出这种劳动力错配的根源在于，农村存在以种姓为基础的保险网络和城市缺乏正规保险市场，这从一个方面反映了如果大力发展正规保险市场，则可以极大地增加农村劳动力的流动性，从而降低劳动力在空间上的错配。

从不合理的产业政策看，Peek 和 Rosengren（2005）认为不合理的产业政策如债务延期会导致资源错配，进而使全要素生产率和产出遭受损失。东亚经济体普遍存在的僵尸企业就是一种由债务延期政策导致的资源错配现象。Caballero 等（2008）就日本商业银行体系债务延期政策对日本经济停滞所产生的影响进行了详细的分析。他们认为，在经济下行时期，商业银行为了满足资本充足率的要求，同时也为免遭公众指责和顺应政府减缓信贷紧缩压力的意图，对那些一直亏损应该破产的企业进行债务延期，从而就形成所谓的僵尸企业。僵尸企业的出现会产生两方面不利的影响：一是使本应通过企业破产释放的资本和劳动力继续留在低效率的企业里；二是通过压低价格和抬高工资降低了高效率的潜在进入企业预期的利润与抵押物的价值，从而抑制了行业工作机会的创造和降低了生产效率，并且拉大了僵尸企业与正常企业之间的生产率差距。

从市场信息不完全看，David 等（2014）将市场信息不完全和资源错配同时纳入一个理论分析框架中，进而分析它们对全要素生产率和总产出的影响。在模型构造过程中，企业在做出投入要素决策时，所面临的信息通常是具有噪声的信息。通过利用美国、中国和印度的数据进行实证，他们研究发现，无论是资本市场存在的信息不完全还是劳动力市场存在的信息不完全均会导致全要素生产率和产出的下降。Fuchs 等（2016）将资本异质性因素加入两部门的分权经济模型，并通过引入信息不对称来考察其对一般均衡的动态影响,他们的研究发现,市场信息不完全引致逆向选择,从而导致资源流动性的下降和持久的资源错配。

也有少数的国外研究者以中国为研究对象从政府干预和所有者类型的角度来探讨资源错配产生的原因。比如Brandt等(2013)的研究发现,虽然改革开放以后中国的要素流动明显加强,但一直遭受要素市场扭曲所导致的全要素生产率损失的困扰。在改革开放的前十五年,中国生产要素扭曲程度的下降明显促进了全要素生产率的提高,但1997年之后,生产要素扭曲程度不断提高,并造成大约每年0.5%非农部门全要素生产率增长的损失,截至2007年,生产要素扭曲至少造成中国25%的非农部门全要素生产率的损失。他们进一步的研究表明,产生要素扭曲的原因是政府给予国有部门更多的优惠或照顾,而非国有部门却未得到相应的优惠。政府的政策倾斜不仅体现在不同所有制部门之间,还体现在不同的区域之间,相对于东部地区,中西部地区遭受的要素扭曲和产出损失更为严重,其原因是中央政府的区域发展战略和政策更加注重对东部沿海地区的支持。而Song等(2011)的研究则把静态的资源错配延伸到了动态的资源配置优化,并通过构造资本要素和劳动力要素从生产效率低的国有部门流向生产效率较高的私有部门的模型,来解释中国经济增长的原因。

第二,国内学者则将资源错配的原因归结为政府行政干预、所有制歧视、国有企业垄断、区域划分导致的市场分割、户籍制度的限制、市场的不完全性和高房价。从政府行政干预看,韩剑和郑秋玲(2014)认为尽管中国已经逐步实现了由计划经济体制向市场经济体制的转变,但强大的政府权力导致中国经济仍存在大量由政府干预引致的政策性扭曲,这种扭曲主要通过两个渠道造成资源错配。一是保护现有的非效率企业,使过多的资源被配置到生产率水平较低的企业中；二是阻止新企业进入，使资源无法配置到一些生产率水平可能更高的潜在进入者手中。他们的实证结果显示，财政补贴、金融抑制、行政性市场进入壁垒对行业内资源错配均具有显著影响，而劳动力流动管制、金融抑制则对行业间资源错配作用显著。钱学锋等（2015）发现，出口退税政策扩大了出口部门和非出口部门的成本加成差异，加深了两部门之间的资源错配程度。李欣泽和司海平（2019）发现"四万亿"计划实施使得大量的资金流向了低效率企业，导致了 2008 年后我国总体资源配置状况的逐年恶化。

从所有制歧视看，Hsieh 和 Klenow（2009）认为 1998~2005 年中国资源配置效率改善主要缘于国有企业改革。聂辉华和贾瑞雪（2011）对 1999~2007 年不同所有制企业的 TFP 进行了测算，发现国有企业是造成资源错配的主要原因，且在样本期内国有企业的经营效率有了明显的改进。靳来群等（2015）认为，虽然中国市场化改革取得了较大进展，但国有企业与非国有企业仍面临截然不同的生产要素价格和边际产出水平。不同所有制类型企业在要素价格和边际产出上的巨大差异导致资源错配，从而造成经济系统运行的总体低效率与社会产出的巨大损失。但企业间的所有制差异本身并不是导致资源错配和低效率的根本原因，其根源在于政府行政权力与国有企业垄断结合而形成的行政垄断。行政部门通过设置市场进入壁垒、管制市场价格获得垄断势力，以及通过支配国有银行占主导的金融体系为国有企业带来较低的融资成本，从而实现国有企业高利润以及员工高福利，进而导致资本要素和劳动力要素的错配。Chen 等（2017）、陈诗一等（2019）认为中国作为一个中央地方关系和政商关系复杂的大国，中央政府和地方政府在资本市场的资源配置上有很大的影响力，这一点体现在各级政府对不同地区或不同城市的政策倾斜上,当然也表现在资本市场上的倾斜上,这些倾斜会导致资本配置效率损失。中国的银行体系结构更能体现这种特征,在中国,政府对银行具有较强的管控力和影响力,利率市场化程度较低,政府对信贷配给具有很强的话语权。由于来自各级政府的压力,银行的贷款决策需要充分考虑与政府政策的配合,独立性难以保证,从而阻碍了资本的自由流动,进而引起资本错配。

从区域划分导致的市场分割看,简泽(2011)发现地区市场分割是导致资源错配的重要原因,地区间人为设定的贸易壁垒和地方保护主义政策,使得部分企业面临规模约束,阻碍了生产的集中,导致行业内企业间生产率差异的持续存在。李静等(2012)发现中部和西部地区资源错配程度高于东部地区,中部地区高于西部地区。Brandt等(2013)将中国要素错配拆分为省内的错配和省际的错配,并发现省际的错配一直保持在相对稳定的水平。宋马林和金培振(2016)的研究发现,以要素市场分割刻画的地方保护将加剧区域资源的错配,原因在于在尚未实现市场在资源配置中的决定性作用时,地方保护通过行政区域划分割裂了区域之间的经济联系并限制了要素的自由流动,使区域资源可能无法依据市场配置机制进入边际生产率更高的地区,从而导致了资源的低效率配置。江艇等(2018)分析了城市的行政级别对资源配置的影响,发现行政级别越高的城市,其制造业企业的全要素生产率平均水平也越高,且资源错配越严重。

从户籍制度的限制看,柏培文(2012)认为城市劳动力市场扭曲是我们不得不面对的一个新问题。随着我国市场经济发展和城乡劳动力流动,我国劳动力市场出现了新的特点,这突出表现在由原来简单的城乡劳动力市场分割逐渐演变为城乡劳动力市场分割和城市内劳动力市场分割并存的格局。并且在这一发展过程中,城市内劳动力市场分割和配置扭曲程度逐渐呈现加强趋势。他们给出的原因是，在 20 世纪 90 年代以前，城市经济总体为计划经济特点，城市劳动力市场相对统一，劳动力资源配置的扭曲程度相对不高。到了 20 世纪 90 年代后期，随着农村劳动力向城市流动速度加快，以及城市经济中的行业垄断、行业分割、所有制、体制和户籍等因素的影响，城市劳动力市场分割日趋增强，劳动力配置扭曲程度明显增加，且这一趋势仍然在不断加强。

除了上述原因，鄢萍（2012）认为资本市场的各种不完美会导致资本在企业间不能以资本的边际产出相等的原则进行配置，从而产生资本错配。而影响企业投资行为的资本市场的各种不完美，包括资本的调整成本、投资的不可逆性和企业间的利率差异。作者利用企业投资行为动态优化模型，同时对这几种影响因素进行了测度，然后通过多次反事实的试验来比较一个没有任何资本市场不完美的标准经济和去掉其中一种资本市场不完美的情况下的经济，观察后者相对于前者的产出损失。研究结果发现，在社会总量一定的情况下，企业间的利率差异造成的社会产出损失最大，因此它是我国资本错配产生的最重要原因，进一步的分析表明，民营企业面临的边际利率要远远高于外资企业，而外资企业面临的边际利率又高于国有企业和集体企业。而陈斌开等（2015）则将研究的视角扩展到住房价格方面，他们认为住房价格上涨带来的工业企业利润与全要素生产率"倒挂"机制是造成我国资源错配的一个重要原因，即住房价格上涨将拉动房地产相关行业的发展，提高其盈利能力，但这些行业的全要素生产率却较低。一方面，住房价格的快速上涨使房地产相关行业能获得更多的资源，对应的资源配置的三大途径依次体现为房地产相关行业更有能力进行规模扩张、潜在投资者更可能进入房地产相关行业、房地产相关行业的企业更不易被淘汰；另一方面，房地产相关行业的企业生产效率往往较低，因此房价上涨将造成资源向高利润和低效率的企业流动，导致资源错误配置。李力行等（2016）讨论了土地资源错配所带来的效率损失，并发现一个城市以协议方式出让的建设用地比例越高，其工业企业间的资源配置效率越低。张璇等（2019）讨论了僵尸企业对资源错配的影响，发现僵尸企业的资产占比和数量占比越大，城市行业层面上资源错配所导致的损失就越大。

二 资源错配的测度

在相关学者对资源错配产生的原因进行深入分析的同时，也有部分学者将视角聚焦在资源错配的测度方面。一个自然而然而又极其重要的问题是，既然在实际的经济发展过程中存在严重的资源错配现象，那么，资源错配是如何测度的？只有比较精确地测度出资源错配的实际数值，国家和企业才能出台相对精准的数量化界面政策，才能制定精准的产业政策和企业经营策略，才能做到有的放矢。但在实际的操作中，一个无法回避的难点是，由于研究中所能观测到的只是现实的资源配置状况，而不能观测到有效配置或最优配置状况，因此在实证检验分析中很难测度错配的程度及由错配造成的全要素生产率的降低和产出缺口。从已有文献看，为测度资源错配程度及其影响的大小，研究者通常采用两种方法：直接测度法和间接测度法。

（一）资源错配的直接测度法

从资源错配的直接测度法看，该方法先验地认定经济中的某种扭曲是造成错配的主要原因，并通过构建异质性生产模型，直接得出错配程度及其影响的大小。直接方法是从一个或多个维度出发，从实证角度来研究特定政策、贸易壁垒、贸易摩擦、制度因素和市场不完全对资源配置的影响。Hopenhayn 和 Rogerson（1993）是较早的研究者之一，他们利用 Hopenhayn（1992）的产业均衡模型考察了解雇税（firing taxes）对资源配置的影响，结果表明，解雇税扭曲了跨企业的劳动力配置，并造成全要素生产率的5%的损失。Lagos 和 Rocheteau（2007）将失业保险和就业保护政策引入匹配模型中，得出了失业保险和就业保护也是造成劳动力配置扭曲和全要素生产率损失的原因的结论。Guner 等（2008）研究了基于规模大小的政策（size-dependent policies）是如何导致资源错配的问题的。基于规模大小的政策是政府根据企业内部规模来帮助或规制企业活动的一项政策措施。他们认为企业面临的财产保险单有效税率依赖其企业规模，比如，印度对制造业企业规模的限制、日本对零售业企业规模的限制和意大利的就业保护政策只有当超过一定的规模门限时才会发挥作用。可见，与规模相关政策的实施扭曲了资源配置，并导致了产出的下降。

贸易壁垒也是众多学者在研究资源错配时关注的重要因素之一，比如 Waugh（2010）的研究表明，当面对贸易壁垒时制造业生产率的分散程度在增加。而 Tombe（2015）认为贸易壁垒导致了贫困国家农业生产率的下降和食品贸易的萎缩。而 Epifani 和 Gancia（2011）进一步的研究则发现，贸易壁垒既影响竞争程度又影响成本加成程度，由贸易壁垒引致的成本加成也是形成资源错配的原因之一。

在很多发展中国家存在大量的企业经营成本，主要体现在进入成本、规章制度、课征重税和金融摩擦上，这些成本的存在促使非正式创业企业（informal entrepreneurship）的产生，这些企业一般规模较小且生产效率低下。在这些发展中国家，非正式创业企业和正式创业企业的共同存在导致了资源错配的产生。比如，Leal 和 Julio（2010）研究了税收和规章制度在墨西哥非正式创业企业低效率中所发挥的作用。D'Erasmo 和 Boedo（2012）则以跨国面板数据为样本研究了非正式创业企业的资源错配问题。信贷市场不完全或信贷约束也是产生资源错配的重要原因，其作用既包含选择效应也包含错配效应。从选择效应看，信贷约束可能会阻止一些生产效率高的企业的进入，除了对企业运行质量的选择，信贷约束可能会限制一些企业获得资金的数量和规模，从而引致资本在不同企业之间的错配。关于这方面的研究较多，其中，比较有代表性的有：Banerjee 和 Duflo（2005）基于微观数据层面对信贷约束和制度失灵引发的资源错配所造成的不同国家之间全要素生产率的差异进行了分析；Caselli 和 Gennaioli（2013）、Buera 和 Shin（2013）对管理人才资本错配的模型化处理进行了研究。

（二）资源错配的间接测度法

直接测度方法的优点是试图通过资源错配来评估产生全要素生产率效应的特定潜在因素，然而这种方法也面临一个重要的限制。现实中有多种因素影响资源错配，但在实际操作中如何对其进行合理的测度是一个首先要面对的难题，或许在一些情况下，这些影响因素几乎是不可能被测度的。各个国家在经济、社会、历史和体制机制方面存在限制的差异，因此，对由特定政策或制度要素所引致的资源错配进行测度较为困难，更不用说进行跨国层面的比较了。一般而言，在一些腐败和裙带资本主义（Crony Capitalism）猖獗的国家，如果生产者和政府或政界的联系紧密，那么他们就可以获得更多的收益，比如国有金融机构可以以更低的利率得到贷款，可以享受特别税收减免（special tax breaks）政策，可以更容易获得政府补贴或竞争保护（protection against competition）。考虑一家制造业企业，尽管其借贷行为应该在资本的边际产量等于资本的成本（利率）处发生，但如果它与政府关系密切，那么它会比其他更具生产效率的企业获得更多的廉价资本。为了捕捉体制和政策对资源错配所产生的异质性效应，部分学者引入了测度资源错配的间接方法。该方法并不先验地认定造成错配的主要原因是扭曲，而是将所有可能的扭曲（包括资本、土地、劳动力和中间投入品），都用加在价格上的"税收楔子"（tax wedges）来刻画。将带有扭曲楔子的均衡配置和不带扭曲楔子的均衡配置进行比较，就能够测度出错配的程度及其影响的大小。

相对于直接测度方法，间接测度方法的应用较为广泛，近期关于资源错配测度方面的文献大都是基于间接测度方法，比如，Restuccia和Rogerson（2008）、Hsieh和Klenow（2009）是研究资源错配间接测度方法的代表。其中，Hsieh和Klenow（2009）关于资源错配测算框架的构建为后面的研究提供了一个重要的参考标准，堪称资源错配测度方面的经典之作。在此基础之上，相关学者进行了有价值的探索，比如Brandt等（2013）将国有和非国有部门纳入HK模型中；龚关和胡关亮（2013）放松了HK模型规模报酬不变的假设条件；盖庆恩等（2015）除了测度资本错配和劳动力错配，还测度了产品市场扭曲；陈诗一和陈登科（2017）将能源要素引入HK模型中。

三 资源错配的改善路径

在对资源错配的产生原因及测度方法进行深入分析和研究的基础之上，如何改善资源错配，提高资源配置效率成为政府和学者进一步研究资源错配问题的焦点和着力点。对此，国内外已经出现不少富有价值的研究成果。从国外研究看,国外学者提出通过提高金融中介融资效率和减少劳动力市场摩擦来缓解资源错配,提高资源利用效率(Vollrath,2009;Buera and Shin,2013;Munshi and Rosenzweig,2016)。

而国内学者刘贯春等(2017)则认为劳动力市场管制并不一定导致资源错配,中国最低工资标准的设定和提高,反而有助于改善资源错配。最低工资标准对资源错配的改善作用在东部、中部、西部三大区域呈现加强趋势,表现出强烈的与地区经济发展水平呈现负相关关系的特征。他们认为通过增加低效率企业退出市场的概率和强化对企业生产率的非对称提升作用两条途径,最低工资标准使得企业生产率的分布收紧,从而改善了资源错配。刘湘丽(2000)、赵奇伟和汤君(2015)、孙浦阳和彭伟瑶(2014)等将研究的视角聚焦在吸引外资的资本错配改善效果方面。

刘湘丽(2000)研究了外商投资对软饮料行业资源配置效率的影响,她的研究表明,20世纪90年代以来,外商投资企业总体上保持了好于其他类型企业的投资效应,外国直接投资对抑制软饮料行业投资效益的下滑、促进软饮料行业投资效益的提高起到了积极的作用。而且外商投资企业的投资效益在软饮料行业的不同部门之间存在较大的差异。一般而言,外商投资企业无论在技术、管理、销售还是在规模上都要好于国内同行业企业,且有优惠政策的支持,所以整体资源配置效率较高。

赵奇伟和汤君(2015)的研究发现,在中国转轨时期,中国外商直接投资(FDI)对资本配置效率的影响依赖地方市场的分割程度。在东道国存在市场分割的情况下,外商直接投资对资本配置效率的促进作用得以加强。这意味着国内的制度缺陷强化了外资对国内资本的配置功能。而且,外商直接投资和市场分割对资本配置效率的影响存在相互强化的作用，市场分割程度越高，外商直接投资的资本配置功能就越强；相反，市场分割程度越低，市场一体化程度越强，外商直接投资的资本配置功能则越弱。

孙浦阳和彭伟瑶（2014）则认为转型时期制度不完善所引发的金融扭曲是造成中国资本错配的主要原因。如金融资源配置时的政治性主从次序、地区信贷配额制度、利率管制等，造成中国金融体系存在人为扭曲，从而导致中国金融资源的投放不是在完全市场条件下依企业效率而定，大量资本可能会被投向效率较低但满足制度安排下的某一特定特征的企业。而 FDI 的进入却可以在一定程度上规避东道国内部制度缺陷的影响，这是由于 FDI 来源于外部较完全的金融市场，其自身在配置时不会具有偏向性，可以享受东道国政府给予的政策优惠，从而会对原有融资制度缺陷条件下企业间资源配置格局产生正向冲击，能够部分代替本国存在扭曲的金融体系，为受到融资抑制的企业提供资金支持，使资金配置状况在整体上得到改善。

而赵伟等（2006）、白俊红和刘宇英（2018）等的研究发现，对外直接投资也是缓解资源错配的有效途径。赵伟等（2006）探究了外向 FDI 对中国技术进步的影响，他们认为已有的关于外向 FDI 对母国技术进步影响的机制机理分析都是基于发达国家的，而对于中国这样一个处在体制转型与快速工业化进程中的新兴市场经济体（Emerging Market Economies, EME）来说，其适用性是相当有限的。因而他们构造了适用于中国的外向 FDI 影响中国技术进步的机制机理分析框架，将中国企业外向 FDI 分为对发达国家的投资和对新兴市场经济体及其他发展中国家的投资，对发达国家的投资主要通过研发要素吸纳、跨国战略联盟和跨国并购等途径提高国内资源配置效率，而对新兴市场经济体及发展中国家的投资主要通过就地生产获得利润和扩大出口等途径提高国内资源配置效率。

白俊红和刘宇英（2018）将对外直接投资影响资源错配的作用机制归结为以下三个方面：第一，对外直接投资有助于生产要素的跨国流动，使生产要素可以在全球范围内被优化配置，从而提升资源配置效率；第二，对外直接投资有助于国内"边际产业"的转移，使生产要素由回报率低的劣势产业转向优势产业，进而促进资源错配的改善；第三，对外直接投资促进了市场竞争，有利于资源在企业间的重新配置，从而改善资源错配。他们在此基础之上基于中国省际面板数据实证检验了对外直接投资对中国资源错配的影响。研究结果显示，对外直接投资能显著改善中国整体的资本错配和劳动力错配，提高资源配置效率。

杨校美和肖红叶（2020）则认为，现有研究要么从外商直接投资的视角入手，要么将对外直接投资作为研究的出发点，割裂了双向直接投资对资源错配的影响，尤其是尚未关注到双向直接投资协同发展在改善资源错配中的作用。为此他们利用中国 2003~2018 年 30 个省区市的统计数据，实证检验了双向直接投资协同发展对资源错配的影响，并根据国际直接投资新发展趋势、人均 GDP 水平的改变和中国对外开放战略的特点，结合数据本身特点对双向直接投资协同发展的阶段进行了划分，探讨不同阶段双向直接投资协同发展对资源错配的影响。在上述研究基础之上，他们从金融深化和劳动力成本提高两个途径对双向直接投资协同发展影响资源错配的传导机制进行了检验。

和以上研究视角不同，也有少数研究者从产业集聚对资源错配影响的角度进行研究。如季书涵等（2016）将产业集聚因素纳入资源错配理论研究框架，构建了包含产业集聚因素的资源错配改善效果模型，并以 1998~2007 年的中国工业企业数据为研究样本，实证检验了制造业产业集聚对企业资本错配和劳动力错配的影响。他们的研究发现，制造业产业集聚对资源错配的改善效果主要通过产业集聚形成的资本门槛降低和劳动力结构优化来获得，能够在资本配置过度和劳动力配置不足的时候改善资源错配；但在资本配置不足和劳动力配置过度时加剧资源错配。在上述研究基础之上，季书涵和朱英明（2017）从内涵型错配类型、集聚发展阶段、内涵型错配类型与集聚发展阶段相结合三个视角对产业集聚的资源错配效应展开深入讨论，他们的研究结果表明，产业集聚在大多数情况下可以起到改善资源错配的作用。而季书涵和朱英明（2019）的研究发现，产业集聚对资源错配的影响还会受到环境因素的影响。具体而言，当资本和劳动力总体不足或总体过度时，在产业集聚作用下，资源配置效率提高，产业集聚向良性方向发展时，污染排放会成为产业集聚发展的阻力；而当资本和劳动力配置存在不平衡时，产业集聚度的提高不利于改善资源错配，污染排放作为中介变量会恶化资源错配，尤其是对环境敏感度更高的劳动力错配极为不利。但产业集聚度的提高可能使资本不足的行业共享污染处理设备，从而使得污染排放作为中介变量中和了产业集聚的资源错配加剧作用。

第四节 对生产性服务业集聚与资源错配相关研究文献的评述

通过对已有研究文献的梳理我们可以发现，关于生产性服务业集聚与资源错配的研究主要集中在以下两个方面：第一，生产性服务业集聚对经济发展的影响；第二，资源错配产生的原因、资源错配的测度方法和改善资源错配的途径。上述研究成果对我们深入分析和讨论生产性服务业集聚与资源错配之间关系具有重要的参考价值和借鉴意义，但也存在以下几个方面的不足。

第一，从产业集聚的视角来分析和探讨其对资源错配影响的研究文献相对有限，还有待于进行进一步的深度分析。

第二，已有的关于产业集聚对资源错配影响的研究主要集中在制造业集聚方面，大都基于中国工业企业数据库的数据，从制造业集聚的视角来探究产业集聚对资源错配的影响，这样会存在两个方面的问题。一是由于数据的可获得性和可比性，基于中国工业企业数据库的数据大都仅仅更新到 2007 年，数据过于陈旧，并不能很好地反映当下中国经济发展过程中存在的问题和取得的成就；二是忽视了作为中间投入品的生产性服务业集聚在改善资源错配中的作用和地位。

第三，相对于制造业集聚，生产中间投入品的生产性服务业的集聚程度更高、知识和技术密集度更高、空间溢出性更强。20 世纪 80 年代以来，生产性服务业发展迅猛，逐渐取代制造业成为经济增长的主要动力和创新源泉（Bayson，1997），生产性服务业集聚更是远超制造业集聚成为产业集聚研究方面的一个亮点。而已有研究文献中关于从生产性服务业集聚的视角来考察其对资源错配影响的研究则较少。为此，在资源错配研究中，如果缺乏对生产性服务业集聚层面的分析就很难把握住资源错配产生的根源，更不利于提炼出缓解资源错配的有效途径。

第四，根据集聚经济理论和空间经济学理论，已有研究将产业集聚分为产业内的专业化集聚（MAR 外部性）和产业间的多样化集聚（Jacobs 外部性），并就产业的专业化集聚和多样化集聚对经济增长的影响展开了深入的讨论，研究成果颇丰。但从生产性服务业集聚的不同模式展开其对资源错配影响的研究则鲜有，虽然有部分研究文献已经关注到生产性服务业集聚对制造业效率的影响，但涉及生产性服务业专业化集聚和多样化集聚的资源配置效应的文献则还未就此展开分析和讨论。

第五，随着信息技术的快速发展，产业之间的边界变得越来越模糊，产业融合互动发展成为产业组织发展方面的一个重要特征。而对于生产制造业中间投入产品和服务的生产性服务业而言，生产性服务业与制造业的融合发展成为产业融合发展中的重要一环。已有研究文献仅仅关注到了生产性服务业与制造业协同集聚对制造业生产效率、区域经济增长、区域创新发展和生态环境方面的影响效应，并未关注到生产性服务业与制造业协同集聚对资源错配的影响作用。

为此，本书试图在已有研究文献的基础之上，将生产性服务业集聚纳入资源错配改善的分析框架中，从生产性服务业集聚、生产性服务业专业化集聚和多样化集聚、生产性服务业与制造业协同集聚三个视角来检验生产性服务业集聚对中国资源错配改善的作用，以期弥补已有研究文献的不足，并为改善中国资源错配和提高资源配置效率提供相应的理论支撑和经验支持。

第三章　中国生产性服务业集聚和资源错配现状

中国生产性服务业发展状况如何，产业集聚水平如何？中国资源错配处于什么样的状态？这些是我们在开展实证分析之前需要厘清和回答的问题。而利用相关的数据进行简单的统计描述是我们获取上述问题答案的一个简单而又非常实用的方法。为此，本章将利用相关统计工具对中国生产性服务业和资源错配的事实特征进行简单的统计描述，以期为后面实证分析的开展提供必要的数据支撑。

第一节　中国生产性服务业发展现状

如何刻画生产性服务业发展，从已有研究文献看并没有形成一个统一的标准和范式，不同的研究者和学者主要是基于数据可获得性和研究目的而采用不同的分析指标。基于已有研究成果和数据的可获得性，本章主要从以下三个方面来对生产性服务业发展进行统计描述：第一，中国生产性服务业增加值的发展现状；第二，中国生产性服务业吸纳就业人口现状；第三，中国生产性服务业全社会固定资产投资现状。

一 中国生产性服务业增加值的发展现状

改革开放四十多年来,尤其是 2001 年加入世界贸易组织（WTO）之后,中国经济经过高速增长,进入高质量发展阶段,社会、经济和文化等各方面都取得了令世界瞩目的成就,形成了"北京共识"。与之相伴随的是服务业也获得了较快的发展。从表 3-1 和图 3-1 中我们可以发现,在所研究的样本区间内,2004 年,中国服务业增加值占 GDP 的比重为 40.4%,2015 年首次超过 50%,达到了 50.2%。到了 2019 年中国服务业增加值占 GDP 的比重已经达到了 53.9%。而生产性服务业作为服务业的重要组成部分,与制造业生产密切相关,且具有资本、技术和知识含量密集的特性,这使其成为一个国家优化产业结构、推动经济高质量发展的重要力量。

表 3-1　2004~2019 年中国生产性服务业及其细分行业增加值

单位：亿元，%

年份	交通运输、仓储和邮政业增加值	信息传输、计算机服务和软件业增加值	金融业增加值	租赁和商务服务业增加值	科学研究、技术服务和地质勘查业增加值	生产性服务业增加值	生产性服务业增加值占第三产业比重	第三产业增加值占GDP比重
2004	9304.4	4236.3	5393.0	2627.5	1759.5	23320.7	36.1	40.4
2005	10835.7	4768.0	6307.2	2912.4	2050.6	26873.9	36.6	40.1
2006	12481.1	5329.2	8490.3	3280.0	2409.3	31989.9	37.8	40.0
2007	14805.9	5999.7	13332.0	3771.6	2925.8	40835.0	39.3	40.4
2008	16362.5	7859.7	14863.3	5608.2	3993.4	48687.1	37.1	41.8
2009	16727.1	8163.8	17767.5	6191.4	4721.7	53571.5	36.2	43.4
2010	19132.2	8881.9	20980.6	7785.0	5636.9	62416.6	36.0	43.2

续表

年份	交通运输、仓储和邮政业增加值	信息传输、计算机服务和软件业增加值	金融业增加值	租赁和商务服务业增加值	科学研究、技术服务和地质勘查业增加值	生产性服务业增加值	生产性服务业增加值占第三产业比重	第三产业增加值占GDP比重
2011	22432.8	9780.3	24958.3	9407.1	6965.8	73544.3	35.8	43.4
2012	23754.7	11799.5	35187.7	11215.5	8356.4	90313.8	37.2	45.5
2013	26042.7	13729.7	41191.0	13335.0	11010.2	105308.6	37.9	46.7
2014	28500.9	15939.6	46665.2	15276.2	12250.7	118632.6	38.5	47.8
2015	30487.8	18546.1	57872.6	17111.5	13479.6	137497.6	39.7	50.2
2016	33058.8	21899.1	61121.7	19483.3	14590.7	150153.6	39.2	51.6
2017	37172.6	26400.6	65395.0	21887.8	16198.5	167054.5	39.2	51.9
2018	40550.0	34505.6	69100.0	24427.0	18142.5	186724.9	39.8	52.2
2019	42802.0	40958.1	74075.2	26552.2	20500.8	204888.3	40.8	53.9

资料来源：2004~2018年数据来源于相关年份《中国第三产业统计年鉴》，2019年数据来源于《中华人民共和国2019年国民经济和社会发展统计公报》。

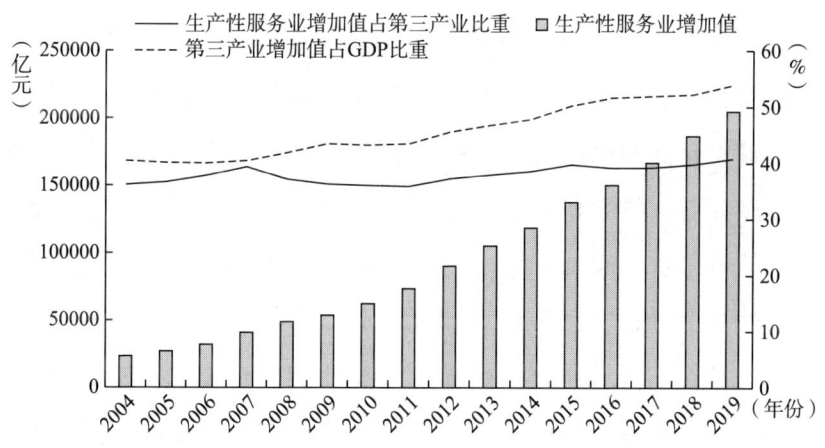

图 3-1 2004~2019 年中国生产性服务业增加值的演变轨迹

资料来源：2004~2018年数据来源于相关年份《中国第三产业统计年鉴》，2019年数据来源于《中华人民共和国2019年国民经济和社会发展统计公报》。

表3-1和图3-1显示，在所研究的样本区间内，中国生产性服务业也进入了快速发展的通道。2004年，中国生产性服务业的增加值为23320.7亿元，2019年增加到204888.3亿元，15年就增加了7.8倍，年均增长率为15.6%。但从发展趋势看，生产性服务业却与服务业表现出非一致发展态势。生产性服务业增加值在绝对量不断增长的同时，在服务业中所占的比重也呈现波动上升的趋势。2004年生产性服务业增加值占服务业的比重为36.1%，2019年为40.8%，15年仅仅波动上升了4.7个百分点。也就是说，生产性服务业增加值在绝对量增加的同时占服务业的比重却增长缓慢。另外，从全球范围看，近年来，发达经济体服务业和生产性服务业呈现"两个70%"的发展趋势，即服务业增加值占GDP的70%，而生产性服务业增加值占服务业增加值的比重也达到70%。因此，中国无论是在服务业上还是在代表高端服务业的生产性服务业上的发展都与发达经济体存在一定的差距。

从生产性服务业的细分行业看（见图3-2和图3-3），2004~2008年，无论是从绝对量还是从相对量看，交通运输、仓储和邮政业在生产性服务业中的增加值和占比都是最高的。从2009年开始，金融业超过交通运输、仓储和邮政业成为增长最快的行业；然后是交通运输、仓储和邮政业，信息传输、计算机服务和软件业，租赁和商务服务业，科学研究、技术服务和地质勘查业。从在生产性服务业中的占比看，交通运输、仓储和邮政业占比持续下降；金融业占比则持续上升；信息传输、计算机服务和软件业占比，租赁和商务服务业占比，科学研究、技术服务和地质勘查业占比则表现为缓慢波动上升。这表明，中国生产性服务业的发展同样存在结构性问题，代表高端生产性服务业的信息传输、计算机服务和软件业，租赁和商务服务业，科学研究、技术服务和地质勘查业发展相对滞后。

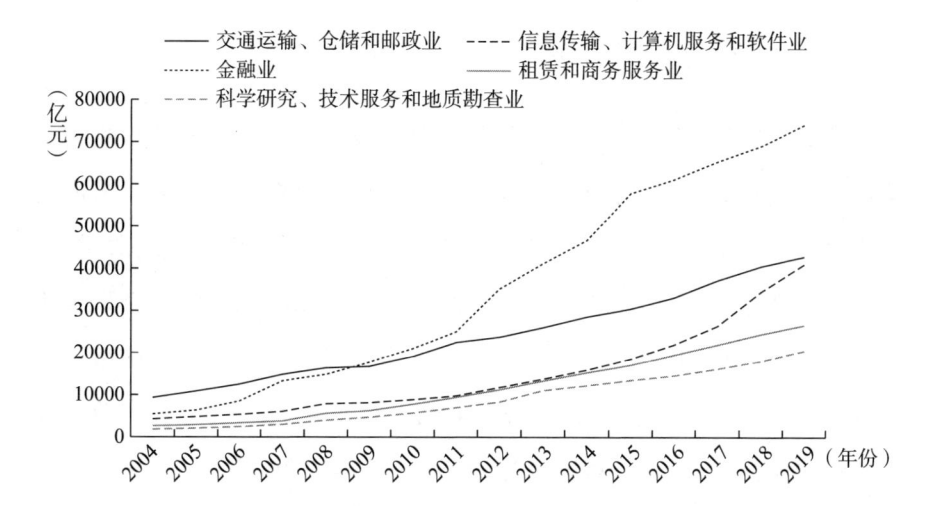

图3-2 2004~2019年中国生产性服务业各细分行业增加值的演变轨迹

资料来源：2004~2018年数据来源于相关年份《中国第三产业统计年鉴》，2019年数据来源于《中华人民共和国2019年国民经济和社会发展统计公报》。

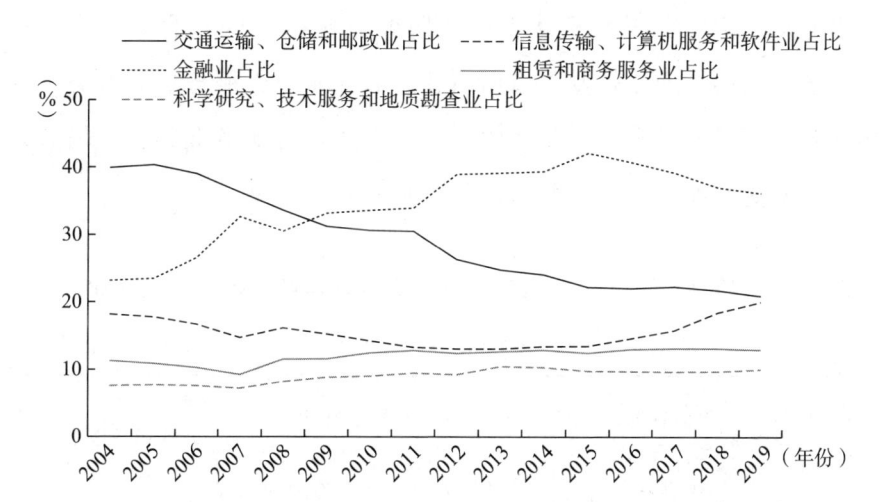

图3-3 2004~2019年中国生产性服务业各细分行业增加值占总的生产性服务业增加值比重的演变轨迹

资料来源：2004~2018年数据来源于相关年份《中国第三产业统计年鉴》，2019年数据来源于《中华人民共和国2019年国民经济和社会发展统计公报》。

二 中国生产性服务业吸纳就业人口现状

表3-2和图3-4展示了2004~2018年中国生产性服务业吸纳就业人口情况，从中我们可以发现，在所研究的样本区间内，中国生产性服务业所吸纳的就业人口获得了快速增长。从增长的绝对量看，2004年生产性服务业城镇单位就业人口为1528.0万人，2018年为2883.6万人，14年增长了0.9倍，年均增长率为4.6%。但从增长的相对量看，2004年，生产性服务业城镇单位就业人口占第三产业就业人口的比重为22.5%，2018年为23.8%，14年仅仅增长了1.3个百分点，增长非常缓慢。第三产业就业人口占全国总城镇就业人口的比重也同样表现出增长乏力的态势，2004年第三产业就业人口占全国总城镇就业人口的比重为61.8%，2018年增长到68.6%，14年增长了6.8个百分点。因此，无论是从生产性服务业城镇单位就业人口所占比重，还是从第三产业就业人口所占比重看，生产性服务业和服务业吸纳的就业人口均表现出增长缓慢的态势。生产性服务业的就业增长效应在绝对量和相对量上表现出显著的非一致性特征。

表3-2 2004~2018年中国生产性服务业及其细分行业吸纳就业人口

单位：万人，%

年份	交通运输、仓储和邮政业城镇单位就业人口	信息传输、计算机服务和软件业城镇单位就业人口	金融业城镇单位就业人口	租赁和商务服务业城镇单位就业人口	科学研究、技术服务和地质勘查业城镇单位就业人口	生产性服务业城镇单位就业人口	生产性服务业城镇单位就业人口占第三产业就业人口比重	第三产业就业人口占总城镇就业人口比重
2004	631.8	123.7	356.0	194.4	222.1	1528.0	22.5	61.8
2005	613.9	130.1	359.3	218.5	227.7	1549.5	22.3	62.5

第三章　中国生产性服务业集聚和资源错配现状

续表

年份	交通运输、仓储和邮政业城镇单位就业人口	信息传输、计算机服务和软件业城镇单位就业人口	金融业城镇单位就业人口	租赁和商务服务业城镇单位就业人口	科学研究、技术服务和地质勘查业城镇单位就业人口	生产性服务业城镇单位就业人口	生产性服务业城镇单位就业人口占第三产业就业人口比重	第三产业就业人口占总城镇就业人口比重
2006	612.7	138.2	367.4	236.7	235.5	1590.5	22.4	62.2
2007	623.1	150.2	389.7	247.2	243.4	1653.6	22.7	62.3
2008	627.3	159.5	417.6	274.7	257.0	1736.1	23.1	62.4
2009	634.4	173.8	449.0	290.5	272.6	1820.3	23.2	64.4
2010	631.1	185.8	470.1	310.1	292.3	1889.4	23.1	64.9
2011	662.8	212.8	505.3	286.6	298.5	1966.0	21.8	69.1
2012	667.5	222.8	527.8	292.3	330.7	2041.1	21.1	67.0
2013	846.2	327.3	537.9	421.9	387.8	2521.1	21.9	75.6
2014	861.4	336.3	566.3	449.4	408.0	2621.4	22.3	64.9
2015	854.4	349.9	606.8	474.0	410.6	2695.7	22.9	64.5
2016	849.5	364.1	665.2	488.4	419.6	2786.8	23.5	65.6
2017	843.9	395.4	688.8	522.6	420.4	2871.1	24.1	66.6
2018	819.0	424.3	699.3	529.5	411.5	2883.6	23.8	68.6

资料来源：相关年份《中国第三产业统计年鉴》。

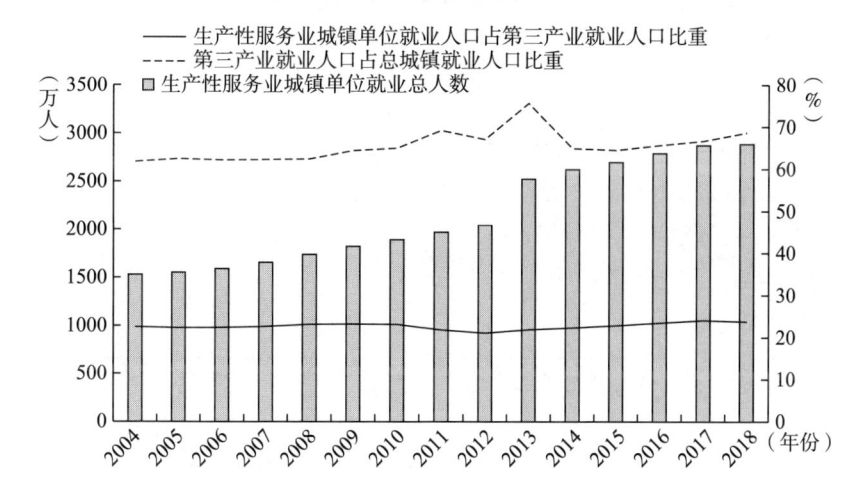

图3-4　2004~2018年中国生产性服务业城镇单位就业人口演变轨迹

资料来源：相关年份《中国第三产业统计年鉴》。

从生产性服务业各细分行业城镇单位就业情况看（见图3-5和图3-6），各细分行业的城镇单位就业均表现出增长态势。其中，交通运输、仓储和邮政业城镇单位就业人数最多，其次是金融业，再次是租赁和商务服务业与科学研究、技术服务和地质勘查业，最后是信息传输、计算机服务和软件业。从生产性服务业各细分行业城镇单位就业人口占生产性服务业城镇单位就业人口的比重看，交通运输、仓储和邮政业城镇单位就业人口所占比重在所研究的时间区间内呈现不断下降的态势，而金融业城镇单位就业人口占比在2004~2012年表现出缓慢上升态势，从2013年开始出现下降，随后又开始进入缓慢上升通道，呈现U形特征。信息传输、计算机服务和软件业与租赁和商务服务业城镇单位就业人口占比均表现为波动上升趋势，但科学研究、技术服务和地质勘查业城镇单位就业人口占生产性服务业城镇单位就业人口的比重则一直较为稳定，变化不大。

图3-5 2004~2018年中国生产性服务业各细分行业城镇单位就业人口演变轨迹

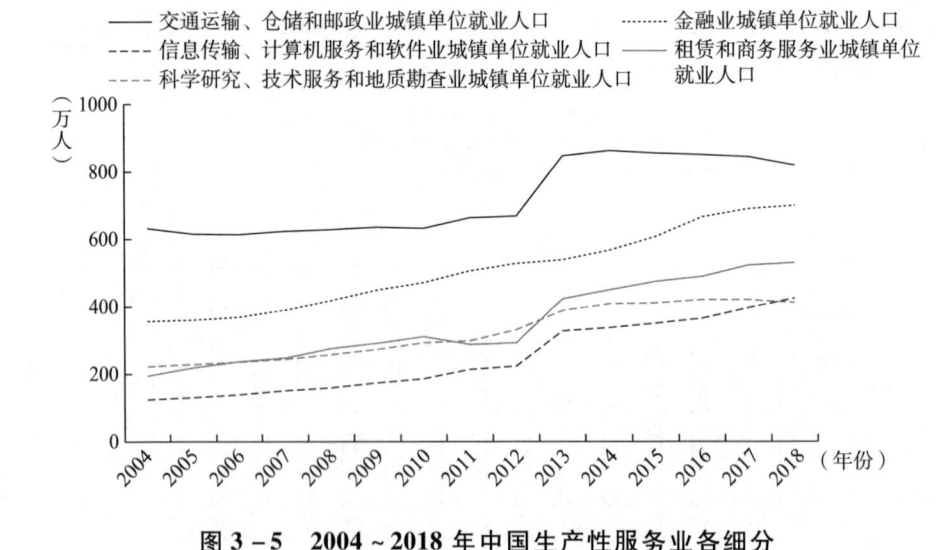

资料来源：相关年份《中国第三产业统计年鉴》。

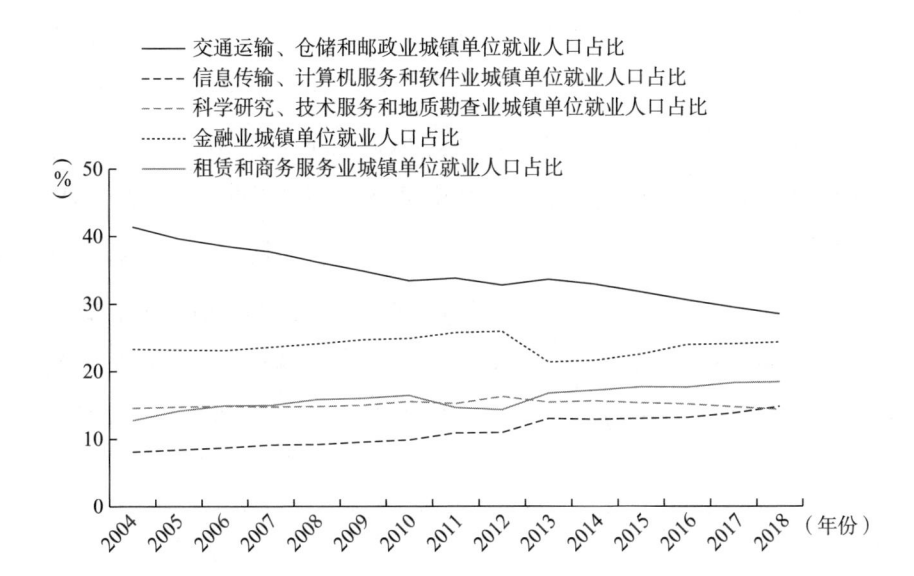

图 3-6　2004～2018 年中国生产性服务业各细分行业城镇单位就业人口
　　　　占生产性服务业城镇单位就业人口比重的演变轨迹

资料来源：相关年份《中国第三产业统计年鉴》。

三　中国生产性服务业全社会固定资产投资现状

固定资产投资对于一个行业乃至一个国家的发展至关重要，尤其是对于资本、知识和技术密集型的生产性服务业而言更是如此。生产性服务业的发展和壮大离不开生产性服务业固定资产投资的支撑和推动。表 3-3 给出了 2003～2017 年中国生产性服务业及其细分行业全社会固定资产投资的发展状况，从表 3-3 中我们可以发现，2003 年，中国生产性服务业全社会固定资产投资为 8701.55 亿元，2017 年为 88858.34 亿元，14 年增长了 9.2 倍，年均增长率为 18.05%。但从相对量上看，2003 年生产性服务业全社会固定资产投资占第三产业全社会固定资产投资的比重为 26.72%，2017 年占比下降到 23.51%，下降了 3.21 个百分点。图 3-7 计算出了生产性服务业相对量的发展变化趋势，计算结果显示，2003～2017 年，生产性服务业全社会固定资产投资占第三产业全社会固定资产投资的比重保持了总体下降的态势，虽然在2009年和2017年有所上升，但在所研究的样本区间内波动下降趋势依然明显。从第三产业全社会固定资产投资占全社会固定资产投资的比重看，2003年第三产业全社会固定资产投资占全社会固定资产投资的比重为58.60%，2017年占比为58.94%，从发展趋势看，在所研究的时间区间内，第三产业全社会固定资产投资占全社会固定资产投资的比重呈U形趋势，2003~2008年呈下降趋势，2009~2017年呈上升趋势。

表3-3 2003~2017年中国生产性服务业及其细分行业全社会固定资产投资

单位：亿元，%

年份	交通运输、仓储和邮政业全社会固定资产投资	信息传输、计算机服务和软件业全社会固定资产投资	金融业全社会固定资产投资	租赁和商务服务业全社会固定资产投资	科学研究、技术服务和地质勘查业全社会固定资产投资	生产性服务业全社会固定资产投资	生产性服务业全社会固定资产投资占第三产业全社会固定资产投资比重	第三产业全社会固定资产投资占全社会固定资产投资比重
2003	6289.38	1660.68	90.15	375.53	285.81	8701.55	26.72	58.60
2004	7646.23	1657.67	136.01	420.82	333.14	10193.87	25.58	56.54
2005	9614.03	1581.75	109.46	549.56	435.12	12289.92	25.81	53.63
2006	12138.12	1875.91	121.42	725.55	495.34	15356.34	26.13	53.43
2007	14154.01	1848.09	157.56	949.34	560.03	17669.03	24.28	52.99
2008	17024.36	2162.64	260.55	1355.86	781.99	21585.40	23.77	52.54
2009	24974.67	2588.95	360.15	2036.18	1200.84	31160.79	25.66	54.08
2010	30074.48	2454.49	489.38	2692.56	1379.28	37090.19	24.39	54.69
2011	28291.66	2174.45	638.73	3382.82	1679.77	36167.43	21.24	54.66
2012	31444.90	2691.96	923.92	4700.40	2475.76	42236.94	20.56	54.83
2013	36790.12	3084.88	1241.97	5893.24	3133.21	50143.42	20.29	55.38
2014	43215.67	4110.05	1362.97	7965.17	4219.11	60872.97	21.22	56.04
2015	49200.04	5521.92	1367.25	9447.95	4751.99	70289.15	22.25	56.22
2016	53890.37	6325.48	1310.20	12341.90	5567.78	79435.73	22.76	57.54
2017	61449.85	6997.44	1121.48	13357.09	5932.48	88858.34	23.51	58.94

资料来源：相关年份《中国统计年鉴》。

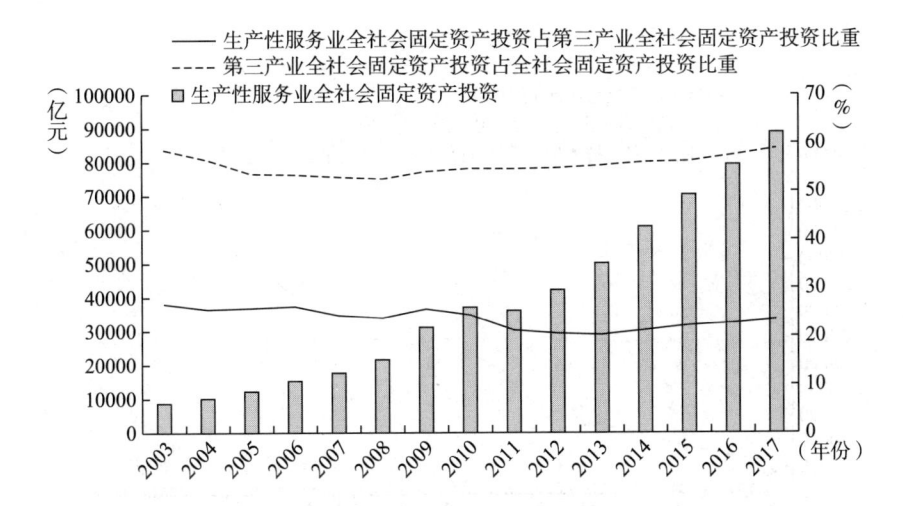

图 3-7 2003~2017 年中国生产性服务业全社会固定资产投资及其占比演变轨迹

资料来源：相关年份《中国统计年鉴》。

从生产性服务业各细分行业看（见图3-8），交通运输、仓储和邮政业全社会固定资产投资额最大，且呈现一方独大的特征，并与其他四个生产性服务业全社会固定资产投资额之间的差距越来越大。信息传输、计算机服务和软件业全社会固定资产投资，金融业全社会固定资产投资，租赁和商务服务业全社会固定资产投资以及科学研究、技术服务和地质勘查业全社会固定资产投资均呈现缓慢上升的趋势，这种上升趋势在2003~2008年尚不明显，2009年之后上升态势显著，但整体处于缓慢上升的态势。在2003~2009年，排在第二位的是信息传输、计算机服务和软件业，其次是租赁和商务服务业与科学研究、技术服务和地质勘查业，最后是金融业。在2010~2017年，排在第二位的是租赁和商务服务业，其次是信息传输、计算机服务和软件业与科学研究、技术服务和地质勘查业，最后是金融业，且信息传输、计算机服务和软件业与科学研究、技服务和地质勘查业之间的差距逐渐缩小，呈现齐头并进的发展态势。

```
—— 交通运输、仓储和邮政业全社会固定资产投资
---- 信息传输、计算机服务和软件业全社会固定资产投资
······ 金融业全社会固定资产投资
—— 租赁和商务服务业全社会固定资产投资
---- 科学研究、技术服务和地质勘查全社会固定资产投资
```

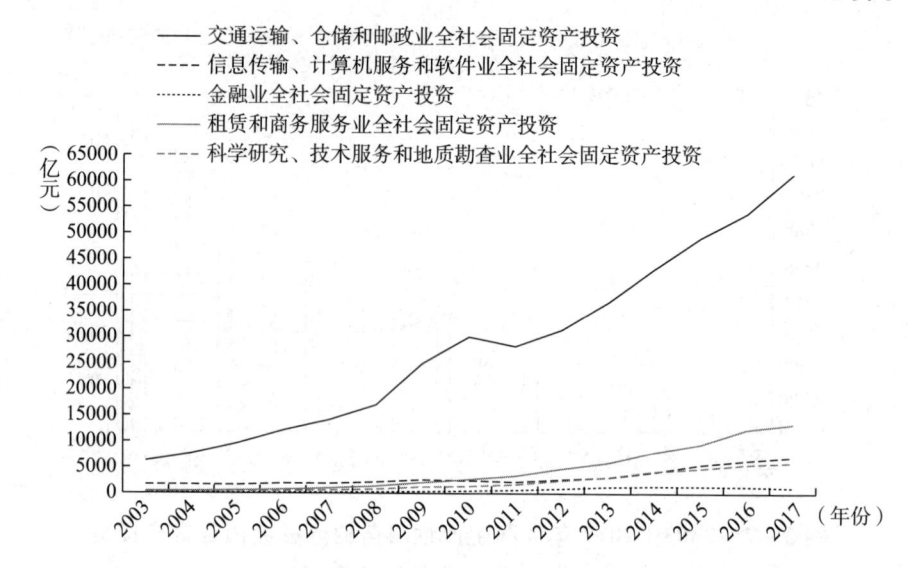

图 3-8　2003~2017 年中国生产性服务业各细分行业全社会固定资产投资

资料来源：相关年份《中国统计年鉴》。

从生产性服务业各细分行业全社会固定资产投资占生产性服务业全社会固定资产投资的比重看（见图 3-9），交通运输、仓储和邮政业全社会固定资产投资的占比最高，在所研究的时间区间内大部分年份都保持在 70% 以上，但整体上呈现倒 U 形发展态势。从 2003 年的 72.28% 上升到 2010 年的 81.08%，之后开始呈现下降的趋势，到 2017 年占比下降到了 69.15%。而信息传输、计算机服务和软件业全社会固定资产投资占比则呈现下降的态势，尤其是在 2003~2011 年下降趋势明显，但从 2012 年开始微幅上升。租赁和商务服务业与科学研究、技术服务和地质勘查业全社会固定资产投资占比则在所研究的时间区间内均呈现明显的上升趋势。金融业全社会固定资产投资占比在所研究的时间区间内则表现出了相对稳定的态势。

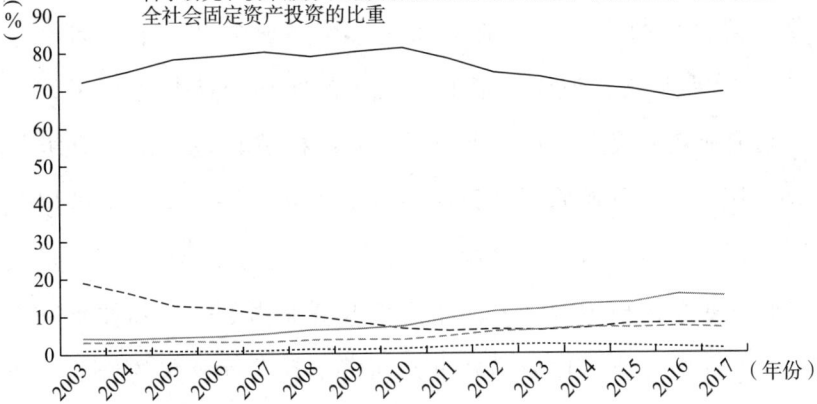

— 交通运输、仓储和邮政业全社会固定资产投资占生产性服务业全社会固定资产投资的比重
---- 信息传输、计算机服务和软件业全社会固定资产投资占生产性服务业全社会固定资产投资的比重
…… 金融业全社会固定资产投资占生产性服务业全社会固定资产投资的比重
— 租赁和商务服务业全社会固定资产投资占生产性服务业全社会固定资产投资的比重
--- 科学研究、技术服务和地质勘查业全社会固定资产投资占生产性服务业全社会固定资产投资的比重

图 3-9 2003~2017 年中国生产性服务业各细分行业全社会固定资产投资占生产性服务业全社会固定资产投资的比重

资料来源：相关年份《中国统计年鉴》。

四 小结

上述内容分别从生产性服务业增加值、生产性服务业吸纳就业人口和生产性服务业全社会固定资产投资三个视角刻画了加入 WTO 以来中国生产性服务业发展的演变轨迹。相关数据显示，自加入世界贸易组织以来，中国的专业化程度不断提高，融入全球化和全球价值链的速度快速提升，以此为支撑中国生产性服务业也获得了长足的进步，无论从增加值还是从就业人口和全社会固定资产投资角度看，中国生产性服务业的增长速度和增长质量都在不断提高。但和发达经济体相比，中国生产性服务业的发展还相对滞后，这主要表现在以下几个方面。第一，生产性服务业增加值占比依然相对较

低。当前，发达国家普遍存在"两个70%"现象，即服务业增加值占GDP的70%，生产性服务业增加值占整个服务业增加值的70%。制造业的价值分布从制造环节向服务环节不断转移，服务正在成为制造业企业利润的重要来源。对比发达国家"两个70%"，中国的产业结构转型明显，服务业增加值占比迅速提升，正在向第一个"70%"大步迈进。但以制造业为代表的实体经济却出现了许多困难，制造业效率提升不足，出现了产业结构"转型"未"升级"的现象，其中一个重要原因就是制造业服务化发展不够，高端服务能力不足，难以实现第二个"70%"。第二，结构性矛盾凸显。虽然生产性服务业总体规模较大，但生产性服务业内部知识和技术密集的高端生产性服务业占比依然较低，而资本和劳动密集的低端生产性服务业占比相对较高，呈现大而不强的特征，随着高端生产性服务业所占比重的不断提高，低端生产性服务业所占比重在不断降低，但这种趋势还有待于进一步加强。

第二节　中国生产性服务业的集聚、不同集聚模式和产业协同集聚现状

一　生产性服务业集聚现状

关于产业集聚的研究最早可追溯到二战以后，当时"第三意大利"和美国硅谷迅速崛起，且带动了周边乃至整个国家经济的快速增长。人们考察其原因，发现与中小企业在特定部门特定地方的集聚密切相关，一个有趣的现象——产业集聚，越来越引起人们的关注。产业集聚现象是普遍存在的，在空间的各个层面都可以观察到，

并且经济活动的空间分布具有普遍的不均匀性,同时产业集聚对生产率、经济增长、实际收入等会产生显著影响。

随着信息技术的发展、全球分工的加快和服务外包的出现,生产性服务业不仅开始在都市区集聚,而且其集聚程度更是远超制造业。凭借集聚这种空间组织形式,生产性服务企业不仅能够实现中间投入规模经济、共享熟练劳动力(Simon and Nardinelli, 2002),而且可以更好地吸收来自同行、供给方和需求方的正向知识溢出(Maine et al., 2010),进而通过推进专业化分工、降低交易费用、推动区域创新等途径缓解资源错配,提高资源配置效率。那么,生产性服务业集聚如何测算?中国生产性服务业集聚程度如何?这些都是接下来我们要回答的问题。

关于产业集聚指标的选择,尤其是生产性服务业集聚指标的选择,国内外研究文献存在较大的差异,常用的有区位熵、空间基尼系数、G指数、赫芬达尔-赫希曼指数和CAD指数等,不同的研究者基于不同的研究数据和研究目的,选择不同的测度方法。因此,很难找到一种为所有学者和研究者所普遍接受和采纳的测度方法。本书在查阅相关研究文献基础之上,考虑所采用的数据形式,借鉴目前主流研究文献并根据286个地级及以上城市数据的可获得性和可比性,选取区位熵作为生产性服务业集聚的衡量指标,具体计算公式为:

$$ps_i = \left(\frac{s_i}{x_i}\right) \bigg/ \left(\frac{s}{x}\right) \quad (3-1)$$

其中,s_i和x_i分别代表i城市生产性服务业就业人数和全部就业人数,s和x分别代表全部城市生产性服务业就业人数和全部就业人数。该指数越大,说明城市i的生产性服务业集聚程度越高,反之则越低。

图 3-10 是根据 2005~2018 年中国 286 个地级及以上城市生产性服务业就业人数计算出来的生产性服务业集聚程度，并根据各个地级及以上城市所在的地区分为东部地区、东北地区、中部地区和西部地区。其中，东部地区包括北京、天津、河北、上海、江苏、浙江、福建、山东、广东和海南；东北地区包括辽宁、吉林和黑龙江；中部地区包括山西、安徽、江西、河南、湖北和湖南；西部地区包括内蒙古、广西、重庆、四川、贵州、云南、西藏、陕西、甘肃、青海、宁夏和新疆。①

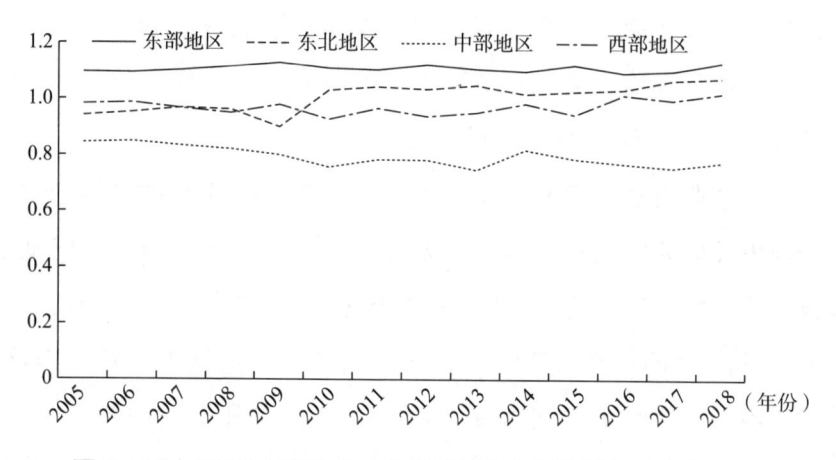

图 3-10　2005~2018 年中国分地区生产性服务业集聚程度

从图 3-10 中我们可以发现，不同地区由于在经济发展水平、区位优势、要素禀赋丰裕程度和产业政策的支持力度等方面存在巨大的差异，所以，各地区生产性服务业集聚程度也表现出明显的异质性特征。具体而言，在所研究的时间区间内，东部地区生产性服务业集聚程度最高，且集聚程度均大于 1，这与东部地区经济发展水平较高、沿海地区易于开展对外贸易、知识资本与人力资本密集和支持东部地区率先发展战略密切相关。其次是东北地区，其生产性

---

① 后文所涉四大地区，均同此划分。

服务业集聚程度在2005~2009年均小于1,从2010年开始大于1。究其原因,东北地区是中国的老工业基地,经济发展以重化工业为主,制造业集聚特征明显,而为了支撑制造业的发展,生产中间投入品的生产性服务业也势必会在制造业周围形成集聚,以便为制造业的发展提供产前、产中和产后的服务支撑。西部地区排在东北地区之后,生产性服务业集聚程度在2005~2015年均小于1,从2016年开始大于1。"西部大开发"战略的实施在推动西部地区经济快速增长的同时,也对西部地区的产业结构产生了重要的影响,这突出表现在制造业快速发展的同时,生产性服务业也获得了长足的发展,尤其是随着"一带一路"倡议的提出和不断深入推进,作为"一带一路"重要节点的西部地区的经济增长速度明显加快,并推动了生产性服务业的不断集聚。最后是中部地区,其生产性服务业集聚程度最低,均在1以下,虽然随着"中部崛起"战略的不断深入推进,中部地区的生产性服务业也获得了快速发展,但作为内陆地区,其经济发展水平、市场化程度和区位优势与东部地区相比还有不小的差距,尤其是中部地区以农业和资源为主的发展模式,因此限制了生产性服务业的发展,从而生产性服务业集聚程度较低。从发展趋势看,东部地区生产性服务业集聚程度呈现缓慢上升的趋势,东北地区和西部地区则表现为波动上升态势,中部地区则表现为明显的波动下降态势。

二 生产性服务业专业化集聚和多样化集聚现状

生产性服务业不同集聚模式对资本和劳动力等资源配置的作用方式不同,从而会对资源错配和资源配置效率产生不同的影响,为了刻画生产性服务业不同集聚模式的异质性特征,需要将生产性服务业集聚分为生产性服务业专业化集聚和生产性服务业多样化集聚予以区别对待。那么,中国生产性服务业专业化集聚和多样化集聚水平如何?其发展趋势和演化轨迹是什么?这是接下来我们关注的重点。

城市生产性服务业专业化集聚是指城市生产性服务业的专业化程度或集中程度,借鉴 Duranton 和 Puga(2000)测度城市专业化和多样化的方法,利用生产性服务业的就业人数占所在城市的就业人数的份额来测度。由于不同的城市在不同的部门具有专业化生产,所以为了刻画不同城市的专业化水平,并使其具有可比性,采用每个城市中就业人数最多的那个生产性服务业计算该城市的生产性服务业专业化集聚指数。生产性服务业专业化集聚指数越大,则表明该城市的生产性服务业专业化集聚程度越高,计算公式如下:

$$ZI_i = \max_j(s_{ij}) \qquad (3-2)$$

其中,s_{ij}为城市 i 中生产性服务业 j 的就业人数占该城市总就业人数的比重,但是某些行业在总体就业中所占份额比其他行业大,并不意味着这些行业专业化程度就高,因为上述式子计算的是一个绝对专业化集聚指数。为了克服绝对专业化集聚指数的缺陷,我们引入相对专业化集聚指数,具体的计算公式如下:

$$RZI_i = \max_j(s_{ij}/s_j) \qquad (3-3)$$

其中,s_j表示所有城市中生产性服务业 j 的就业人数占全国城市总就业人数的比重。

关于多样化集聚,一种常用的测算方法是采用赫芬达尔－赫希曼指数的倒数来表示。具体的,以城市 i 中生产性服务业 j 的就业人数占该城市总就业人数的比重的平方和的倒数来表征,其计算公式如下:

$$DI_i = 1 / \sum_j s_{ij}^2 \qquad (3-4)$$

在上述公式（3-4）条件下，如果一个城市的经济活动完全集中在一个部门或行业，那么$DI_i = 1$，随着城市经济活动多样化的增加，该指数变大。当然上述测算指标是一个绝对指标，并不能反映一个城市在全国范围内的多样化情况，为此，需要对绝对指标进行相对化处理，相对指标的计算公式如下：

$$RDI_i = 1 / \sum_j |s_{ij} - s_j| \qquad (3-5)$$

图 3-11 给出了 2005~2018 年中国 286 个地级及以上城市分不同地区的生产性服务业专业化集聚水平，从图 3-11 中我们可以发现，在所研究的时间区间内，东部地区、东北地区、中部地区和西部地区的生产性服务业专业化集聚水平均呈现波动上升趋势。从 2013 年开始，东部地区生产性服务业专业化集聚水平最高，其次是中部地区和东北地区，最后是西部地区。2005~2011 年各地区生产性服务业专业化集聚水平增长较为缓慢，且地区之间生产性服务业专业化集聚水平的差距较小，而从 2012 年开始，各地区生产性服务

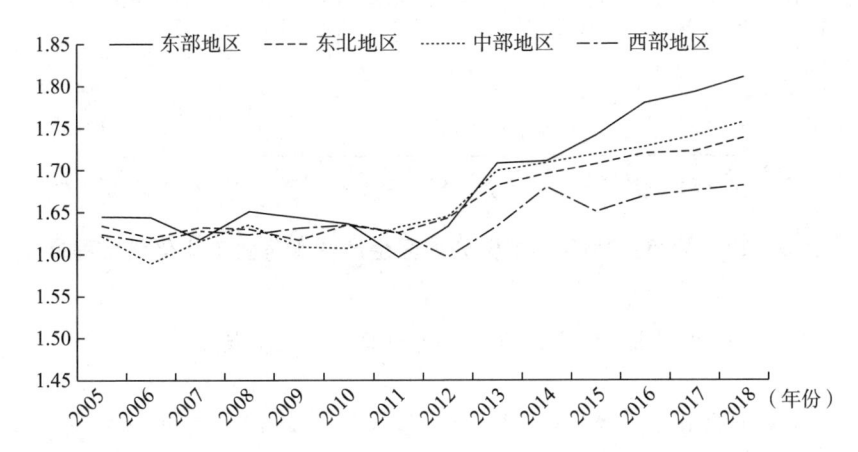

图 3-11 2005~2018 年中国分地区生产性服务业专业化集聚程度

业专业化集聚水平均呈现快速增长的态势，且地区之间生产性服务业专业化集聚水平的差距呈现明显的扩大趋势，东部地区生产性服务业专业化集聚水平增长最为迅速，且与中部地区、东北地区和西部地区的差距明显增大。

图 3-12 给出了 2005~2018 年中国 286 个地级及以上城市分不同地区的生产性服务业多样化集聚水平，从图 3-12 中我们可以发现，在所研究的时间区间内，东部地区、东北地区、中部地区和西部地区的生产性服务业多样化集聚水平均呈现上升趋势。在大部分年份，东部地区最高，中部地区和西部地区次之，最后是东北地区。从增长幅度看，中部地区增长幅度最大，尤其是从 2008 年开始，中部地区进入快速增长通道。西部地区在 2005~2014 年增长缓慢，但从 2015 年开始增速明显加快。东部地区和东北地区则在整个研究区间内增长缓慢。

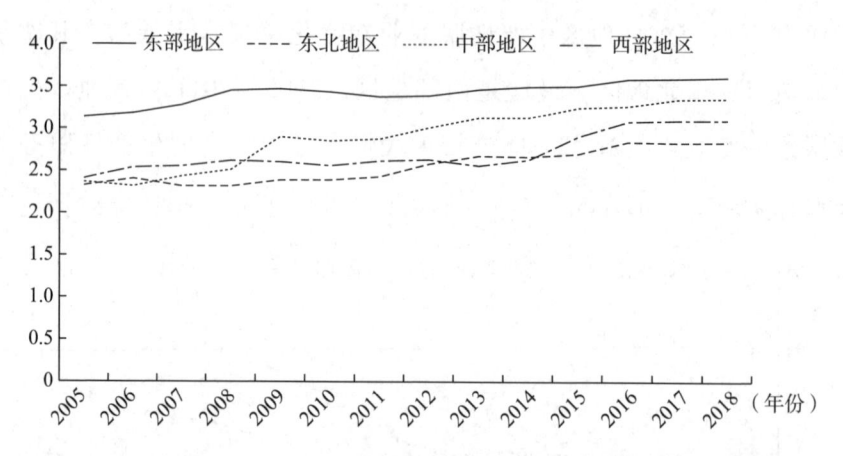

图 3-12　2005~2018 年中国分地区生产性服务业多样化集聚程度

三　生产性服务业与制造业协同集聚发展现状

服务业制造化、制造业服务化是现代经济增长的重要特征。生产性服务业与制造业是现代经济发展的两轮，双轮驱动协同集聚才能避免"一条腿长，一条腿短"的状态，解决生产性服务业与制造业协同集聚的"短板"问题,才能避免中国处于全球价值链的低端成为低水平的"世界工厂"(Gaulier et al.,2007)。因此,生产性服务业与制造业协同集聚能够解决产业资源错配,引导产业资源优化配置,是产业结构升级的一个重要课题。那么,如何测算中国生产性服务业与制造业协同集聚?中国生产性服务业与制造业的协同集聚程度如何?这是我们首先要回答的问题。

借鉴 Ellison 等(2010)提出的产业间协同集聚的思想,结合江静等(2007)、陈国亮和陈建军(2012)、豆建民和刘叶(2016)、陈建军等(2016)的方法,首先,通过区位熵指数构建生产性服务业与制造业集聚指数;其次通过经济活动集聚指标的差异性刻画生产性服务业与制造业协同集聚特征,其计算公式如下:

$$aggs_i = \frac{s_i}{x_i} / \frac{s}{x} \quad (3-6)$$

$$aggm_i = \frac{m_i}{q_i} / \frac{m}{q} \quad (3-7)$$

其中,$aggs_i$ 是城市 i 的生产性服务业集聚指数,s_i 和 x_i 分别代表城市 i 生产性服务业就业人数和全部就业人数,s 和 x 分别代表全部城市生产性服务业就业人数和全部就业人数。该指数越大,说明 i 城市的生产性服务业集聚程度越高,反之则越低。$aggm_i$ 是城市 i 的制造业集聚指数,m_i 和 q_i 分别代表城市 i 制造业就业人数和全部就业人数,m 和 q 分别代表全部城市制造业就业人数和全部就业人数。该指数越大,说明城市 i 的制造业集聚程度越高,该指数越小,则表明城市 i 的制造业集聚程度越低。在测算出生产性服务业集聚指数和制造业集聚指数后,我们可以构造出如下形式的生产性服务业与制造业协同集聚指数:

$$coagg_i = \left(1 - \frac{|aggs_i - aggm_i|}{aggs_i + aggm_i}\right) + (aggs_i + aggm_i) \quad (3-8)$$

其中，$coagg_i$是i城市的生产性服务业与制造业协同集聚指数。等式右边第一项代表协同集聚指数的质量，第二项代表协同集聚指数的高度。协同集聚指数越大，生产性服务业与制造业协同集聚水平越高；反之，则表示生产性服务业与制造业协同集聚水平越低。

图3-13给出了2005~2018年中国286个地级及以上城市按所属地区分为东部地区、东北地区、中部地区和西部地区的生产性服务业与制造业协同集聚程度。从中我们可以发现，不同地区生产性服务业与制造业协同集聚程度呈现明显的异质性特征。具体而言，在所研究的时间区间内，东部地区生产性服务业与制造业协同集聚程度最高，东北地区和中部地区次之，西部地区最低，基本呈现经济发展水平高的地区生产性服务业与制造业协同集聚水平也越高的特征。从生产性服务业与制造业协同集聚水平的发展趋势看，东部地区、东北地区和中部地区均呈现波动上升趋势，而西部地区则展现出波动下降的态势。从变化幅度看，东部地区生产性服务业与制造业协同集聚程度变动幅度最小，东北地区从2009年之后变动幅度较大，而中部地区和西部地区的变化幅度适中。

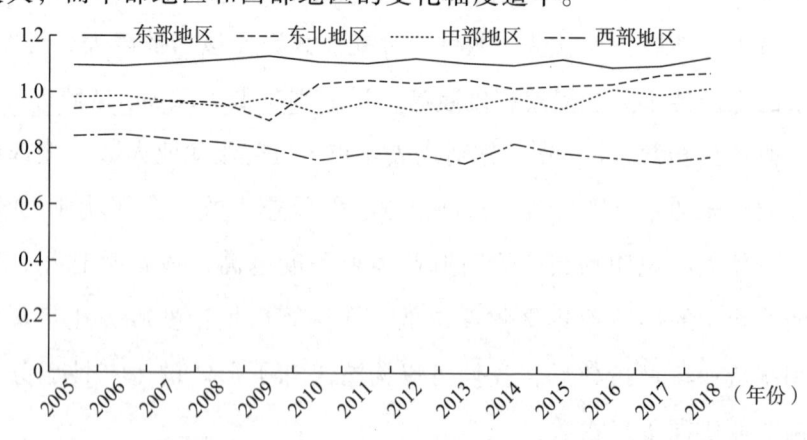

图3-13　2005~2018年中国分地区生产性服务业与制造业协同集聚程度

四 小结

产业集聚对于推动产业结构优化升级、资源配置效率提升和区域经济发展至关重要，那么，在中国经济高速增长过程中生产中间投入品的生产性服务业集聚水平如何？生产性服务业不同集聚模式集聚水平如何？生产性服务业与制造业协同集聚水平如何？上述测算结果为这些问题提供了答案。从生产性服务业集聚水平看，不同地区呈现明显的异质性特征，东部地区生产性服务业集聚水平较高，其他地区相对较低。在所研究的时间区间内，东部地区缓慢上升，而东北地区和西部地区则处于波动上升趋势，中部地区则展现出波动下降的态势。从生产性服务业专业化集聚和多样化集聚看，在所研究的时间区间内，生产性服务业专业化集聚和多样化集聚水平均呈现上升态势，且专业化集聚水平的上升幅度大于多样化集聚水平的上升幅度。同时生产性服务业专业化集聚和多样化集聚水平也展现出明显的地区异质性特征，从2013年开始，东部地区专业化集聚和多样化集聚水平明显高于其他地区。从生产性服务业与制造业协同集聚看，在所研究的时间区间内，除了西部地区生产性服务业与制造业协同集聚水平呈现波动下降，东部地区、东北地区和中部地区均呈现上升态势，且东部地区生产性服务业与制造业的协同集聚水平最高。

第三节 中国资源错配现状

资源合理和高效配置是实现经济可持续和高质量发展的关键。改革开放四十多年来，中国得益于生产要素从配置效率低的行业和地区流向配置效率高的行业和地区，提高了要素的配置效率和全要素生产率，进而促进了经济的腾飞，取得了令世界瞩目的成就。但作为转型经济体，尤其是作为大国，区域发展不平衡和不充分是中国经济发展过程中一个无法回避的难题。由于体制机制等原因，地区、城乡和行业之间普遍存在资源错配问题，资源错配的存在一方面造成资源偏离最优配置和产出下降，另一方面还可能会引发由于收入分配不均所产生的一系列社会问题。那么，中国的资源错配现状如何？如何测算资源错配？这些是我们首先要解决的问题。为此，本研究接下来从以下三个方面展开：一是构建资源错配测算框架；二是基于资源错配测算框架，利用中国 286 个地级及以上城市数据，对中国资源错配现状进行测算；三是对中国资源错配现状进行总结。

一 构建测算中国资源错配的框架

关于如何测算资源错配，从已有研究文献看主要包括以下几种方法。第一，按照 Hsieh 和 Klenow（2009）的方法，采用全要素生产率价值（TFPR）的方差来刻画资源配置的扭曲程度。第二，采用陈永伟和胡伟民（2011）的方法，通过构建扭曲指数来表征资本和劳动力市场的资源配置扭曲程度。第三，以要素市场完全竞争情况下的要素价格和边际产出，同非完全竞争条件下的要素价格和边际产出的差距来测算资源错配系数（Aoki，2012）。第四，以各地区要素市场实际发育程度与最高要素市场发育程度的相对差距作为衡量指标（宋马林和金培振，2016）。第五，采用企业间的生产率离散度来表征资源错配程度（蒋为，2016；耿伟和廖显春，2017；刘贯春等，2017；郎昆和刘庆，2021）。

借鉴已有研究文献，并结合数据的可获得性，本研究在 Hsieh 和 Klenow（2009）、陈永伟和胡伟民（2011）的理论基础上，构建一个更容易理解的要素错配计算方法，来测算各个地级及以上城市的资本错配程度和劳动力错配程度。假定每个地级及以上城市都使用资本和劳动力两种要素进行生产，要素市场满足完全竞争条件，产品市场满足垄断竞争条件，并采用规模报酬不变的 C－D 生产函数进行生产，具体形式如下：

$$Y_i = A_i K_i^{\alpha_i} L_i^{\beta_i} \tag{3-9}$$

其中，α_i 和 β_i 分别表示城市 i 的资本产出弹性和劳动力产出弹性，且 $\alpha_i + \beta_i = 1$，A_i 表示城市 i 的全要素生产率。另外，考虑到生产效率的异质性问题，每个城市都面临两种要素扭曲：资本扭曲（τ_i^K），反映资本的边际产品；劳动力扭曲（τ_i^L），反映劳动力的边际产品。每个城市所面临的利润函数为：

$$\pi_i = p_i Y_i - (1 + \tau_i^K) r K_i - (1 + \tau_i^L) \omega L_i \tag{3-10}$$

其中，r 和 ω 分别表示城市 i 资本和劳动力的实际要素价格，p_i 为产品价格。

式（3－10）的最优化一阶条件为：

$$\alpha_i p_i A_i K_i^{\alpha_i - 1} L_i^{\beta_i} = (1 + \tau_i^K) r \tag{3-11}$$

$$\beta_i p_i A_i K_i^{\alpha_i} L_i^{\beta_i - 1} = (1 + \tau_i^L) \omega \tag{3-12}$$

考虑到欧拉定理 $Y = \sum_{i=1}^{N} p_i Y_i$ 和资源约束条件 $\sum_{i=1}^{N} K_i = K$ 与 $\sum_{i=1}^{N} L_i = L$，并结合最优化一阶条件即式（3－11）和式（3－12），我们可以得到在竞争均衡条件下 K_i 和 L_i 的值：

$$K_i = \frac{\dfrac{p_i \alpha_i Y_i}{(1 + \tau_i^K) r}}{\sum_i \dfrac{p_i \alpha_i Y_i}{(1 + \tau_i^K) r}} K \tag{3-13}$$

$$L_i = \frac{\dfrac{p_i \beta_i Y_i}{(1 + \tau_i^L) \omega}}{\sum_i \dfrac{p_i \beta_i Y_i}{(1 + \tau_i^L) \omega}} L \tag{3-14}$$

为了方便分析，我们可以定义两类"错配指数"——资本绝对错配指数和劳动力绝对错配指数：

$$\gamma_i^K = \frac{1}{1+\tau_i^K} \quad (3-15)$$

$$\gamma_i^L = \frac{1}{1+\tau_i^L} \quad (3-16)$$

在竞争均衡条件下，城市 i 的产值在整个经济中所占的份额为 $s_i = p_i Y_i / Y$，用产出加权的资本贡献值为 $\alpha = \sum_{i=1}^{N} s_i \alpha_i$，则资本的相对错配指数可以定义为：

$$\hat{\gamma}_i^K = \frac{\gamma_i^K}{\sum_{j=1}^{N} \left(\frac{s_j \alpha_j}{\alpha}\right) \gamma_i^K} \quad (3-17)$$

同理我们可以定义劳动力的相对错配指数：

$$\hat{\gamma}_i^L = \frac{\gamma_i^L}{\sum_{j=1}^{N} \left(\frac{s_j \beta_j}{\beta}\right) \gamma_i^L} \quad (3-18)$$

在实际测算过程中，绝对错配指数是无法测度的（陈永伟和胡伟民，2011），因此，经常采用相对错配指数。由式（3-13）、式（3-14）、式（3-17）和式（3-18）得：

$$K_i = \frac{s_i \alpha_i}{\alpha} \hat{\gamma}_i^K K \quad (3-19)$$

$$L_i = \frac{s_i \beta_i}{\beta} \hat{\gamma}_i^L L \quad (3-20)$$

根据式（3-19）和式（3-20），我们可以得出城市 i 的资本相对错配指数和劳动力相对错配指数：

$$\hat{\gamma}_i^K = \left(\frac{K_i}{K}\right) \Big/ \left(\frac{s_i \alpha_i}{\alpha}\right) \quad (3-21)$$

$$\hat{\gamma}_i^L = \left(\frac{L_i}{L}\right) \bigg/ \left(\frac{s_i \beta_i}{\beta}\right) \qquad (3-22)$$

其中，$\frac{K_i}{K}$ 表示在实际生产过程中城市 i 所使用的资本占总资本的比重，$\frac{s_i \alpha_i}{\alpha}$ 表示在资本有效配置时城市 i 所使用的资本比重，两者之间的比值可以反映城市 i 中资本偏离最优配置的程度。如果该比值大于 1，则说明相对于最优资本配置，资本配置过度，如果该比值小于 1，则说明相对于最优资本配置，资本配置不足。劳动力错配指数的定义与此类似。

资本错配指数和劳动力错配指数测度中核心部分是资本产出弹性 α_i 和劳动力产出弹性 β_i 的测度，由于在生产过程中各地级及以上城市资源禀赋和所采用的技术水平存在较大的差异，所以产出弹性也会随着时间和城市个体的不同而呈现异质性特征。为了刻画这种时变性，本章采用状态空间模型和卡尔曼滤波对资本产出弹性和劳动力产出弹性进行估计。具体的，对式（3-9）构造如下状态空间模型。

量测方程为：

$$\ln Y_{i,t} = \ln A_{i,t} + \alpha \ln K_{i,t} + \beta \ln L_{i,t} + \varepsilon_{i,t} \qquad (3-23)$$

状态方程为：

$$\ln A_{i,t} = \theta \ln A_{i,t-1} + \delta_{i,t} \qquad (3-24)$$

$$\alpha_{i,t} = \varphi_i \alpha_{i,t-1} + v_{i,t} \qquad (3-25)$$

$$\beta_{i,t} = \lambda_i \beta_{i,t-1} + \mu_{i,t} \qquad (3-26)$$

其中，假定 $\varepsilon_{i,t}$、$\delta_{i,t}$、$v_{i,t}$、$\mu_{i,t}$ 服从均值为 0 的高斯分布，且不存在自相关性，各时变参数服从一阶自回归过程 AR（1），技术水平的自回归系数不随个体的改变而改变。对于产出变量（$Y_{i,t}$），本章用各地级及以上城市的实际 GDP 来表示。具体的，以 2005 年为基期，利用各地级及以上城市所在省份的 GDP 平减指数对各地级及以上城市名义 GDP 进行平减，进而得到实际 GDP。劳动力投入（$L_{i,t}$），本章采用各地级及以上城市的城镇单位从业人员期末人数来表示。资本投入量（K_{it}），本章采用各地级及以上城市的资本存量来表示，关于资本存量的测度，采用永续盘存法，其计算公式如下：

$$K_t = I_t/P_t + (1 - \delta_t)K_{t-1} \tag{3-27}$$

其中，K_t 为当期的固定资本存量；I_t 为当期的固定资产投资额；P_t 为固定资产投资价格指数；δ_t 为固定资产折旧率，采用单豪杰（2008）的取值，$\delta_t = 10.96$；K_{t-1} 为上一期的固定资本存量。

在得出各个城市的资本相对错配指数和劳动力相对错配指数后，我们可以计算出各城市的资本错配指数（$kmis$）和劳动力错配指数（$lmis$）：

$$kmis_i = \frac{1}{\hat{\gamma}_i^K} - 1 \tag{3-28}$$

$$lmis_i = \frac{1}{\hat{\gamma}_i^L} - 1 \tag{3-29}$$

如果资本错配指数（$kmis$）大于 0，说明资本配置不足，反之表示资本过度配置。如果劳动力错配指数（$lmis$）大于 0，则表明劳动力配置不足，反之表明劳动力过度配置。指数的绝对值越大，表征资源错配程度越高，指数的绝对值变小，表征资源错配程度在缓解。

二 资源错配的测算结果展示

根据上述测算资源错配的框架，并结合 2005～2018 年中国 286

个地级及以上城市的数据，我们分别测算出了 286 个地级及以上城市按所属地区分为东部地区、东北地区、中部地区和西部地区的资本错配水平和劳动力错配水平。从资本错配程度看（见图 3-14），除了 2005 年，无论是全国层面还是东北、中部、西部地区的资本错配指数都呈现由大于零向小于零转变的态势，表明东北、中部、西部地区都存在资本错配，且都呈现由资本配置不足向资本配置过度变迁。具体而言，除 2005 年外，西部地区在 2010 年之前处于资本配置不足的状态，从 2010 年开始转变为资本配置过度的状态。东北地区在 2012 年之前处于资本配置不足的状态，从 2012 年开始转变为资本配置过度的状态。而中部地区在 2013 年之前处于资本配置不足的状态，从 2013 年开始穿过 0 轴线表现出资本配置过度的状态。但上述三个地区的资本配置过度状态从 2016 年开始展现出向好态势，资本配置过度开始呈现改善的趋势。对于东部地区而言，资本错配指数明显大于零，表现出资本配置不足的态势，资本错配指数自 2014 年开始呈现波动下降的趋势，表现出向资本错配改善方向变动。上述研究结论与周海波等（2017）、白俊红和刘宇英（2018）、崔书会等（2019）的研究结论保持一致。可能的原因是，东部地区经济发展水平高于中部和西部地区，其市场化水平较高、营商环境较好、经济活跃度较高，投资活动高涨，使东部地区资本价格相对于整个经济平均水平偏高，致使实际资本投入量低于有效配置时的理论投入量，资本配置不足。中部和西部地区资本配置过度可能的原因是国家为了兼顾效率与公平，缩小地区发展差距，实现东部、中部、西部地区协调均衡发展，先后实施了"西部大开发""中部崛起"等区域政策，通过给予投资企业税收优惠、信贷支持、财政补贴等手段将更多的资本投向了中部、西部地区，这在一定程度上压低了中部、西部地区的利率水平，造成资本配置过度。

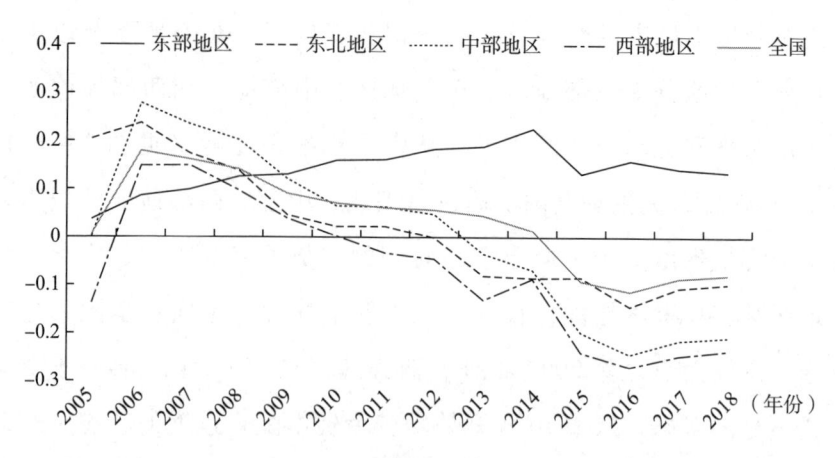

图 3 - 14　2005~2018 年中国分地区资本错配指数的变化趋势

从劳动力错配程度看（见图 3 - 15），全国层面和分区域层面都显示出向零值收敛的态势，在所研究的时间区间内，劳动力错配呈现改善的态势。从劳动力错配类型看，不同区域呈现明显的分化特征：东部地区和 2008 年之后的东北地区劳动力错配指数大于零，劳动力配置不足；中部、西部地区劳动力错配指数小于零，劳动力配置过度。从变化趋势看，中部、西部地区在 2006 年劳动力过度配置达到峰值之后开始大幅度回调，这种劳动力过度配置改善效应一直持续到 2013 年，之后回调速度减缓，但一直处于改善通道。东北地区也在 2006 年达到劳动力过度配置峰值之后开始大幅度回调，并从 2009 年开始从原来的劳动力配置过度开始转变为劳动力配置不足，且这种劳动力配置不足在 2013 年之前一直处于恶化的状态，在 2013 年达到峰值之后开始处于快速改善的通道，并从 2016 年开始基本接近于劳动力配置最优状态。东部地区在 2006 年劳动力配置不足达到峰值之后开始回落，呈现劳动力配置不足改善的态势，在 2013 年达到最低值以后，开始表现为先上升后下降的态势，但整体依旧表现为劳动力配置不足的态势。上述研究结论与周海波等（2017）、白俊红和刘宇英（2018）、崔书会等（2019）的研究结论保持一致。可能的原因是，一方面，东部地区经济发展较快，对劳动力的需求比较旺盛；另一方面，东部地区城市大多属于一线及新一线沿海城市，较高的房价和物价水平推动劳动力工资水平不断上涨，致使劳动力配置不足。同时，随着户籍制度的改革和地区间人员流动限制的放松，中部、西部地区的劳动力向东部地区的转移和流动更为顺畅，使得全国层面和分地区层面的劳动力错配水平得以改善。

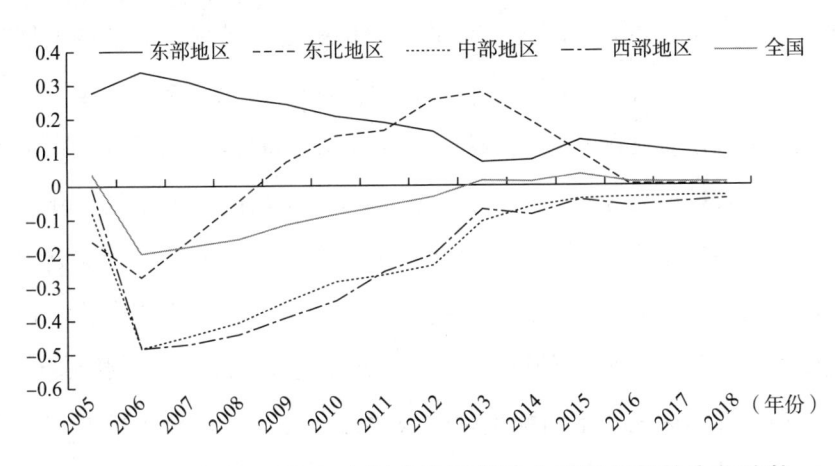

图3-15 2005~2018年中国分地区劳动力错配指数的变化趋势

三 小结

如何测算资源错配？在已有研究中不同的学者基于不同的研究目的和数据采用了不同的测算方法，当然不同的方法没有绝对的优劣之分，只是所研究的视角不同而已。本章在Hsieh和Klenow（2009）、陈永伟和胡伟民（2011）的理论基础上，构建一个更容易理解的要素错配计算方法，来测算各个地级及以上城市的资本错配程度和劳动力错配程度。从测算结果看，中国经济在保持高速增长的过程中依然存在较为严重的资本错配和劳动力错配，并呈现地区异质性特征。具体而言，东部地区表现出明显的资本配置不足态势，且随着时间的推移这种资本错配的状况呈现先恶化后改善趋势。东部地区劳动力配置也展现出配置不足的特征，且随着时间的推移展现出波动改善的特征。对于东北地区而言，资本配置呈现先配置不足后配置过度的特征，且随着时间的推移，资本错配整体展现出先改善后恶化的态势。而东北地区的劳动力配置经历了先劳动力配置过度后劳动力配置不足的特征，且随着时间的推移，劳动力错配整体展现出先改善后恶化再改善的态势。中部和西部地区的资本错配和劳动力错配测度结果显示，这两大地区无论是从资本错配看还是从劳动力错配看均呈现一致性的发展态势。具体而言，除了2005年，中部和西部地区的资本配置均呈现先资本配置不足后资本配置过度的特征，这与中部和西部地区吸收东部地区的产业转移密切相关，随着东部地区产业结构的进一步高级化和高度化，一些资本密集型和劳动密集型的产业加快从该地区转移到中部和西部地区，从而带来中部和西部地区产业结构的不断资本化，进而使资本配置状况从原来的配置不足转变为配置过度。但从整体上看，中部和西部地区的资本错配呈现先改善后恶化态势。对于中部和西部地区的劳动力配置状况而言，先是劳动力过度配置不断恶化，而后是劳动力过度配置不断得到缓解。从整体上看，中部和西部地区劳动力过度配置的状态随着时间的推移在不断得到缓解，这与中部地区的"中部崛起"战略和西部地区的"西部大开发"战略密切相关。随着这两大战略不断深入推进，中部和西部地区的经济发展水平、城镇化率和市场化水平也在不断提高，与此同时，就业人员的受教育水平和社会保障水平也在不断提升，从而既提高了劳动者素质又优化了劳动力市场结构，减少了劳动力市场摩擦，改善了劳动力错配。

第四章 生产性服务业集聚对资源错配改善的影响

作为生产中间投入品的行业，生产性服务业具有"黏合剂"和"润滑剂"作用，能够将专业化分工日益深化的知识资本和人力资本导入产品生产过程中，优化资源配置，提高全要素生产率。从全球范围看，近年来，发达经济体服务业和生产性服务业呈现"两个70%"的发展趋势，即服务业增加值占GDP的70%，而生产性服务业增加值占服务业增加值的比重也达到70%。生产性服务业已成为全球价值链分工中的主导力量和全球经济增长的重要推动力。2019年，我国服务业增加值占GDP的比重为53.9%，同期，生产性服务业增加值占服务业增加值比重达40.8%，无论是从服务业占比，还是从生产性服务业占比看均与70%存在一定距离，但其对经济发展的支撑作用正在显现，主要表现在高端生产性服务业发展迅速上，比如，信息传输、计算机服务和软件业增加值从2015年的18546.1亿元增加到2019年的40958.1亿元，年均增长率为21.9%。同时，生产性服务业所具有的资本、知识和信息技术密集特性使其在空间上更容易形成集聚。基于集聚这种空间组织形式，生产性服务业不仅能够实现中间投入规模经济、共享熟练劳动力（Simon and Nardinelli, 2002），而且可以更好地吸收来自同行、供给方和需求方的正向知识溢出（Maine et al.，2010），进而通过提高专业化分工、降低交易成本、推动区域创新等途径改善资源错配，推动经济高质量发展。

从已有研究文献看，生产性服务业集聚在资源错配改善中的重要作用还未被提及和关注，虽然有少数研究者已经注意到了产业集聚在资源错配改善中的地位和作用，但他们所研究的产业集聚主要是制造业行业的集聚，比如，季书涵等（2016）、季书涵和朱英明（2017）、季书涵和朱英明（2019）等的研究，还未涉及生产性服务业集聚以及其对资源错配的影响方面的机制机理分析。

为此，在已有研究基础上，本章首先对生产性服务业集聚影响资源配置效率的机理和机制进行了深入细致的分析。在此基础之上利用城市层面的数据，对资本配置效率和劳动力配置效率进行了统计测度。基于以上分析结果，从地区、行业和城市规模三个视角，对生产性服务业集聚影响资源配置效率的机理和机制进行了实证检验。

第一节 生产性服务业集聚影响资源错配改善的机制机理分析

作为生产产品生产过程中的中间投入要素的行业，生产性服务业的集聚可以通过深化专业化分工、提高知识和信息流动速度，产生"相互孕育"效果，来缓解资本和劳动力等生产要素的扭曲程度，提高资本和劳动力的配置效率。通过生产性服务业集聚，一方面，金融机构可以对在空间上集聚在一起的相互关联的企业进行甄别和分类，根据上下游企业所具有的不同生产流程、不同生产工艺、不同生产模式和不同产品销售模式，设定专业化的工具、技术和产品，提供渗透率更高、个性化更强的融资服务，并通过金融业专业化分工，降低资本投放过程中的信息不对称风险，提高资本投放精准化水平。另一方面，企业可以通过引入更加个性化和专业化的金融服务，将资本配置在效率更高的生产部门和生产环节，改善资本错配，推动资本配置效率提升。此外，生产性服务业集聚所产生的知识和技术溢出效应，使金融机构之间的模仿和人员流动速度变得越来越快，竞争压力也在不断增强，促使金融机构更加强化专业化分工，不断自我革新，提供更加个性化和差异化的金融产品，这不仅提高了金融机构资本的投放效率和使用效率，还降低了企业融资租赁成本，并进一步缓解了企业资本错配。

因此，生产性服务业集聚水平越高，越有利于提高金融业专业化分工水平，从而改善资本错配，故得出：

假设4-1：生产性服务业集聚通过提升金融业专业化分工水平改善资本错配。

不同产业因其所具有的资本、知识和技术的不同而呈现异质性集聚特征。由于生产性服务业具有明显的高产业关联性、高知识传播性和高技术溢出性特征，所以，与制造业空间集聚不同的是，生产性服务业在空间集聚上更容易形成产业关联、外部性和规模经济。从企业生产效率视角看，相互关联的上下游企业为享受生产性服务业集聚所带来的市场邻近、劳动力市场共享和中间投入品关联等成本优势而倾向于在集聚程度较高的行业和地区集中。从劳动力供给视角看，大量竞争力强、效益好的生产性服务业企业的集聚对技术工人形成强大的吸引力，降低技术工人的职业搜寻成本，提高技术工人的匹配程度。而且技术工人占比与产业集聚呈正比例关系，产业集聚度越高，技术工人所占比重也越高（季书涵等，2016）。在企业生产效率和劳动力供给结构双重影响因素下，通过循环累积因果效应，生产性服务业在空间上的集聚促使优质企业不断集中，专业技术知识劳动者供给量不断提高。Gabe 和 Abel（2011）利用美国劳工部职业信息网的数据分析了集聚对不同技术工人的影响，研究结果发现，区域专业化能够显著提高科学家、环境设计与工程师、财务主管和信息技术工人等高技术工人的收入水平，但同时会降低个人服务和销售者、社会工作者、建筑工人、机械工人等低技术工人的收入水平。一方面，生产性服务业集聚可以引起劳动力市场中技术工人规模的扩大，为企业发展提供知识型、技能型和创新型劳动者大军，从而为企业生产提供高质量的劳动力要素，提高劳动力配置效率。另一方面，生产性服务业集聚可以引起技术工人收入水平的上升，引导技术工人增加有效供给，提高边际劳动生产率，进而推动企业全要素生产率的提升。

因此，生产性服务业集聚水平越高，专业化区域内技术工人的比例也就越高，从而有利于劳动力配置效率和劳动生产率的提高，故得出：

假设4-2：生产性服务业集聚通过优化劳动力结构改善劳动力错配。

作为生产中间投入品的行业，生产性服务业具有"黏合剂"和"润滑剂"作用，能够通过专业化分工和要素流动，特别是人力资本的流动改善资源错配，提高资源配置效率和全要素生产率。根据新经济增长理论，人力资本的增强有利于新知识和新技术的获取和传播，强化对现有技术的吸收和应用能力（程中华等，2017），通过提升管理效率和创新效率来提高资源配置效率和生产率。而产业集聚，尤其是生产性服务业集聚是推动人力资本积累的重要力量。生产性服务业集聚通过对专业化人力资本的"拉力"和"推力"效应促进人力资本积累（毛军，2006）。生产性服务业集聚除了带来专业化人力资本的集中，也加剧了人力资本所有者之间的竞争，迫使专业人才和技术工人不断自我培训、学习和更新知识，使其人力资本水平从一般专业化向特殊专业化转变，保持其在就业市场的优势和竞争地位，这就是所谓的"拉力"效应。另外，生产性服务业具有高知识和技术溢出性特征，其产业集聚也会促使专业化人力资本从特殊专业化"贬值"为一般专业化。生产性服务业集聚所带来的工序创新、工艺创新、产品创新和技术创新，会使原有的特殊专业化人力资本加速老化和贬值，未能及时更新人力资本的特殊专业化人才就会"贬值"为一般专业化人才，从而产生所谓的"推力"效应。正是生产性服务业集聚对人力资本积累所产生的"拉力"和"推力"效应，促进了人力资本积累，从而提高了资源配置效率。故得出：

假设4-3：生产性服务业集聚通过推动人力资本积累改善资源错配。

产业布局的合理性对资源配置效率的提高和经济高质量发展起着重要的推动作用。生产性服务业和制造业因其各自所具有的产业特性而表现出非一致性发展态势。生产性服务业大都是无形产品的生产和分配，包括专业和商业服务业、信息技术产业、金融业和保险业等。这些产业对自然资源依赖性不强，占用较少的空间面积，吸纳较多的就业人员，且不易形成环境污染，在空间上更容易形成集聚。尤其是随着信息技术的发展、全球分工的加快和服务外包的出现，生产性服务业不仅在都市区集聚，而且集聚程度远超制造业（刘奕等，2017）。制造业主要是有形产品的生产和分配，对自然资源依赖性较强，在生产过程中需要投入大量的专业设备，占用较大的空间面积，而吸纳的就业人员有限，且易形成环境污染（Kolko，2007），在空间集聚上也受到自然资源、空间面积、运输成本、环境治理等诸多方面的制约，所以集聚程度远低于生产性服务业。随着工业化进程的不断推进，尤其是进入后工业化时代，制造业在大城市的集聚会出现诸如自然资源紧张、交通拥堵、环境污染、住房和土地成本上升等集聚不经济现象，产生所谓的拥挤效应（张文武等，2020）。因此，随着生产性服务业的快速发展和在大城市的不断集聚，其孕育新知识、提供公共服务、优化创新环境、推动产业优化升级的功能也在逐渐强化，并在空间上对制造业产生挤压，从而将制造业企业"驱逐"出去（张鑫，2016）。同时，制造业集聚的中小城市，接收和重新安置大城市"驱逐"出来的产业，并通过与大城市生产性服务业的交流和合作，实现技术和设备的补给，降低土地租金和拥挤成本，并引导要素从边际产出低的部门和企业流向边际产出高的部门和企业。故得出：

假设4-4：生产性服务业集聚通过推动加快形成生产性服务业与制造业的空间合理布局改善资源错配。

第二节 模型构建、相关变量选择与数据说明

一 模型构建

根据前文理论分析中的研究假设，构建生产性服务业集聚对资

源错配影响的计量模型：

$$kmis_{i,t} = \alpha_0 + \sum_{\tau=1}^{p} \alpha_\tau kmis_{i,t-\tau} + \beta ps_{i,t} + \gamma X_{i,t} + u_i + v_i + \varepsilon_{i,t} \quad (4-1)$$

$$lmis_{i,t} = \alpha_0 + \sum_{\tau=1}^{p} \alpha_\tau lmis_{i,t-\tau} + \beta ps_{i,t} + \gamma X_{i,t} + u_i + v_i + \varepsilon_{i,t} \quad (4-2)$$

其中，$kmis_{i,t}$ 和 $lmis_{i,t}$ 是被解释变量，分别表示第 i 个城市第 t 年的资本错配指数和劳动力错配指数；$kmis_{i,t-\tau}$ 和 $lmis_{i,t-\tau}$ 表示资本错配指数和劳动力错配指数的滞后期，最大滞后期为 p 期；$ps_{i,t}$ 为核心解释变量，表征第 i 个城市第 t 年的生产性服务业集聚。β 测度了生产性服务业集聚对资源错配的影响，如果 β 显著大于 0，则反映生产性服务业集聚会恶化资源错配；β 显著小于 0，则反映生产性服务业集聚可以改善资源错配；$X_{i,t}$ 为控制变量信息集；u_i 和 v_i 分别表示城市和年份固定效应；$\varepsilon_{i,t}$ 为随机干扰项。

二　变量选取

（一）被解释变量：资本错配指数（$kmis$）和劳动力错配指数（$lmis$）

前面第三章第三节根据公式（3-28）和公式（3-29）已经对资本错配指数（$kmis$）和劳动力错配指数（$lmis$）进行了测算，因此，在此不做赘述。

（二）解释变量：生产性服务业集聚（ps）

前面第三章第二节根据公式（3-1）已经对生产性服务业集聚进行了测算，在此不做赘述。

（三）控制变量

金融业专业化分工（fs），采用各地级及以上城市金融业从业人员占生产人员的比重与全国金融业从业人员占全国生产人员的比重之比来衡量,金融业专业化分工水平的提高有利于缓解资源错配,提高资源配置效率。劳动力结构优化(ls),关于如何测度劳动力结构优化,本章借鉴季书涵等(2016)的方法,用各地级及以上城市的劳动报酬与劳动力产出贡献的比值来测度,根据数据的可获得性,劳动报酬采用在岗职工平均工资来衡量。该值越大,说明单位劳动力产出贡献所需工资越高,则劳动力构成中技术工人占比越高。根据前面的传导机制,技术工人比例的提高有利于劳动力错配的改善。人力资本积累(lnhc),基于数据的可获得性和可比性,采用各地级及以上城市每万人在校大学生人数的对数来衡量,用以测算人力资本积累对资源配置效率的影响。关于生产性服务业集聚对生产性服务业与制造业空间布局、区域经济结构的影响,基于数据的可获得性,本章选用各地级及以上城市的第二产业增加值占比(second)和第三产业增加值占比(third)来表征,具体的,以各地级及以上城市第二产业增加值和第三产业增加值占地区GDP的比重来测度,合理的生产性服务业与制造业布局可以促使资源由效率低的部门和行业流向效率高的部门和行业。

金融发展水平(fd),采用各地级及以上城市金融机构贷款余额占地区GDP的比重来衡量,用以测度金融发展水平对资源配置效率的影响。政府干预程度(gov),采用各地级及以上城市财政收入占地区GDP的比重来衡量。适度的政府干预有利于资源配置效率的提高,而过度的政府介入则不利于资源的合理配置。外商直接投资(fdi)采用各地级及以上城市外商直接投资流量占地区GDP的比重来测度。通过外资的技术溢出效应,本地企业可以获得先进的产品工艺、技术和管理经验,提高资源的利用效率。信息化水平(lntc),采用各地级及以上城市人均电信收入的对数来测度。随着信息技术的快速发展，新业态、新经济不断涌现，引导资源从过剩的传统产业流向效率高的新兴产业，优化资源配置。

三 数据说明

由于各地级及以上城市从 2003 年开始统计各行业就业人员，同时城市划分和命名又随着区域经济发展的需要而动态调整，所以，根据数据的可获得性原则和可比性原则，本文选取 2005~2018 年 286 个地级及以上城市数据为研究样本。具体数据来源于相关年份《中国城市统计年鉴》、《中国第三产业统计年鉴》和《中国统计年鉴》。变量的统计描述如表 4-1 所示。

表 4-1 变量的统计描述

变量	名称	样本数	均值	标准差	最小值	最大值
$kmis$	资本错配指数	4004	0.0483	0.4308	-0.9583	4.0011
$lmis$	劳动力错配指数	4004	-0.0606	0.7137	-0.9069	9.5129
ps	生产性服务业集聚	4004	0.8131	0.3131	0.0549	3.8395
fs	金融业专业化分工	4004	1.0154	0.3699	0.1274	3.2106
ls	劳动力结构优化	4004	0.3649	0.2635	0.0437	3.2401
$lnhc$	人力资本积累	4004	4.4627	1.1189	-0.5242	7.1653
$second$	第二产业增加值占比	4004	48.9807	10.9659	9.0000	90.9700
$third$	第三产业增加值占比	4004	37.1528	9.1041	8.5800	85.3400
fd	金融发展水平	4004	0.8136	0.5186	0.0753	7.4502
gov	政府干预程度	4004	7.4726	3.3133	0.4258	23.4616
fdi	外商直接投资	4004	0.0207	0.0543	0.0001	2.6454
$lntc$	信息化水平	4004	6.3309	0.8516	2.4478	10.3199

第三节 生产性服务业集聚影响资源错配改善的实证分析

一 基准回归分析

核心解释变量生产性服务业集聚与被解释变量资源错配指数之间可能存在双向因果关系，即随着生产性服务业的不断集聚，资源错配也在逐步改善；而资源错配的改善反过来又会引起生产性服务业的集聚。本章采用工具变量法来克服生产性服务业集聚与资源错配之间可能存在的内生性问题。另外，考虑到资源错配具有一定的路径依赖性，且本章的研究样本具有 n（286个地级及以上城市）较大 T（14年）较小的特征，故采用动态面板模型。差分GMM和系统GMM是动态面板模型中常用的两种方法。根据Blundell和Bond（1999）的经验，如果被解释变量的滞后项系数接近于1，选择系统GMM方法较为合适，而当被解释变量的滞后项系数较小时，则选择差分GMM方法较为适宜。结合本章的实证检验结果，被解释变量的滞后项系数大于0.7，因此，选择系统GMM方法进行实证检验。

表4-2给出了相关估计结果，从工具变量的有效性看，随机扰动项的差分存在一阶自相关，但不存在二阶自相关，故接受"扰动项无自相关"的原假设。过度识别的Sargan检验结果也接受"所有工具变量都有效"的原假设，所以工具变量的选择是合理的。第（1）列只控制了生产性服务业集聚、金融业专业化分工、劳动力结构优化、人力资本积累、第二产业增加值占比和第三产业增加值占比等核心解释变量和传导机制变量，结果显示生产性服务业集聚对

资本错配的影响显著为负，生产性服务业集聚可以缓解资本错配。金融业专业化分工的估计系数显著为负，金融业专业化分工水平的提高可以缓解资本错配，研究假设4-1成立。人力资本积累的估计系数也显著为负，这意味着人力资本积累的增加能改善资本错配。第二产业增加值占比和第三产业增加值占比的估计系数均显著为负，表明生产性服务业集聚可以促使生产性服务业与制造业合理布局，从而改善资本错配。第（2）列加入其他控制变量后，生产性服务业集聚对资本错配的改善效果依然显著，传导机制变量均会缓解资本错配。从其他控制变量的估计结果看，金融发展水平、外商直接投资和信息化水平的估计系数均显著为负，说明它们均能缓解资本错配。而政府干预程度的估计系数则显著为正，说明政府干预会恶化资本错配。

表4-2 生产性服务业集聚对资源错配改善的影响：基准回归

变量	(1) |kmis|	(2) |kmis|	(3) |lmis|	(4) |lmis|
ps	-0.1466*** (-5.29)	-0.1515*** (-5.31)	-0.2292*** (-5.24)	-0.2721*** (-4.92)
fs	-0.0222*** (-2.44)	-0.0321** (-2.16)	-0.2502*** (-8.54)	-0.2689*** (-8.00)
ls	-0.0421** (-2.09)	-0.0635*** (-3.16)	-0.2887*** (-10.02)	-0.3095** (-9.21)
lnhc	-0.0219** (-2.02)	-0.0259** (-2.20)	-0.0579*** (-3.31)	-0.0378** (-2.05)
second	-0.0059*** (-5.35)	-0.0057*** (-5.07)	-0.0163*** (-6.32)	-0.0171*** (-5.41)
third	-0.0113*** (-10.01)	-0.0106*** (-9.02)	-0.0169*** (-7.04)	-0.0179*** (-5.96)

续表

变量	(1) |kmis|	(2) |kmis|	(3) |lmis|	(4) |lmis|
fd		-0.0183** (-2.36)		-0.0109 (-1.08)
gov		0.0177** (2.12)		0.0068* (1.95)
fdi		-0.1625*** (-6.78)		-0.0230* (-1.83)
lntc		-0.0027*** (4.11)		-0.0033* (1.79)
|kmis|$_{t-1}$	0.8991*** (6.19)	0.8685*** (5.92)		
|kmis|$_{t-2}$	0.1335*** (4.60)	0.1344*** (4.76)		
|lmis|$_{t-1}$			0.8495*** (11.59)	0.8522*** (10.14)
|lmis|$_{t-2}$			0.1383*** (6.41)	0.1350*** (5.34)
|lmis|$_{t-3}$			0.0847*** (11.36)	0.0776*** (9.94)
年份固定	Y	Y	Y	Y
城市固定	Y	Y	Y	Y
AR(1)	0.0000	0.0000	0.0000	0.0006
AR(2)	0.2013	0.1116	0.1587	0.1281
Sargan	0.5386	0.5143	0.4100	0.6880
N	3146	3093	2860	2808

注：括号中为 t 统计量，*、** 和 *** 分别表示 10%、5% 和 1% 的显著性水平，下表同。

从第（3）列的估计结果看，生产性服务业集聚的估计系数为负且在 1% 的统计水平下通过检验，生产性服务业集聚可以改善劳动力错配。劳动力结构优化的估计系数显著为负，优化劳动力就业结构可以缓解劳动力错配,研究假设4-2成立。人力资本积累的估计系数也显著为负,增加就业工人的人力资本投资可以改善劳动力错配,再加上前文分析中人力资本积累增加能改善资本错配,可知研究假设4-3成立。第二产业增加值占比和第三产业增加值占比对劳动力错配的影响均显著为负,生产性服务业集聚通过促使生产性服务业与制造业合理布局深化专业化分工和推动劳动力要素流动,进而提高劳动力配置效率,再加上前文分析中两业合理布局可改善资本错配,可知研究假设4-4成立。第(4)列在加入其他控制变量后,上述变量对劳动力错配的负向影响依然显著成立。金融发展水平对劳动力错配无显著影响,外商直接投资和信息化水平可以缓解劳动力错配,政府干预会恶化劳动力错配。

经过反复检验,资本错配指数的最优滞后期为2,而劳动力错配指数的最优滞后期为3,且都在1%的统计水平下为正。这表明资本错配和劳动力错配都存在明显的路径依赖,且劳动力错配指数的路径依赖时间比资本错配指数的路径依赖时间更长。

二 分地区回归分析

由于东部、中部、西部和东北地区在要素禀赋、国家政策支持、发展战略、市场化程度等方面存在明显不同,所以,在以服务业尤其是高端服务业快速发展为支撑的高质量发展背景下,生产性服务业集聚对不同地区的资源配置效率的作用效果也可能存在较大的差异。为此,本章按地级及以上城市所在省份的区域位置将它们分为东部、中部、西部和东北四个地区。在上述地区划分基础之上,采用系统GMM分析方法,考察生产性服务业集聚对不同地区资源错配改善的作用效果。

从表4-3的估计结果中我们可以发现,东部地区、中部地区和西部地区生产性服务业集聚对资本错配的影响均显著为负,东北地

表 4-3　生产性服务业集聚对资源错配改善的影响：分地区

变量	被解释变量 |kmis|				被解释变量 |lmis|			
	东部	中部	西部	东北	东部	中部	西部	东北
ps	-0.0789***	-0.0376**	-0.3347***	0.2703	-0.3041***	-0.1355	0.2617***	0.1006*
	(-4.17)	(-2.22)	(-8.85)	(0.7)	(-6.37)	(-1.77)	(9.06)	(1.96)
fs	-0.0605***	-0.0182*	0.0292***	-0.0479	-0.7825***	-0.0419***	0.1320***	-0.0285
	(-9.28)	(-1.95)	(-2.73)	(-1.21)	(-4.29)	(-3.31)	(7.06)	(-0.38)
ls	-0.2235***	-0.0521***	-0.1422***	-0.1484***	-0.4125***	-0.2126***	-0.2686***	0.3256***
	(-22.20)	(-9.37)	(-4.39)	(-3.64)	(-3.60)	(-8.08)	(10.48)	(-3.26)
lnhc	-0.0524***	-0.0181**	-0.0521***	-0.0174*	-0.1037	-0.0199***	-0.1577***	-0.0591**
	(-7.20)	(-2.48)	(-8.28)	(-1.99)	(-4.37)	(-3.87)	(-6.73)	(2.05)
second	-0.0016	-0.0008	-0.0153***	-0.0035**	0.0517***	0.0055***	0.0384***	-0.0029
	(-0.88)	(-1.25)	(-7.83)	(-2.00)	(12.58)	(5.23)	(6.28)	(-0.81)
third	-0.0067***	-0.0052***	-0.0182***	0.0019	-0.0439***	-0.0025**	-0.0382***	-0.0091*
	(-4.33)	(-5.70)	(-8.32)	(0.90)	(-11.02)	(-2.11)	(-4.46)	(-1.91)
fd	-0.0319**	-0.0039*	-0.0282***	-0.1632***	-0.0499***	-0.0164***	-0.0693***	-0.1606***
	(-2.30)	(-1.92)	(-4.23)	(-2.89)	(-12.76)	(-7.06)	(-6.69)	(-3.00)
gov	0.0080***	0.0015***	0.0082***	0.0017**	0.0261***	0.0017**	0.0216***	0.0129**
	(4.25)	(2.80)	(6.63)	(2.33)	(8.29)	(1.98)	(8.04)	(2.52)
fdi	-0.2302***	-0.2620***	-0.1236	-2.4209**	-0.0092	-0.0306***	3.6031***	3.6051**
	(-5.49)	(9.48)	(-1.20)	(-2.17)	(-1.06)	(-8.65)	(5.92)	(2.30)

续表

变量	被解释变量 |kmis|				被解释变量 |lmis|			
	东部	中部	西部	东北	东部	中部	西部	东北
lntc	-0.0229*** (-2.69)	-0.0243*** (-5.16)	-0.0524*** (-12.05)	-0.0196* (-1.97)	-0.0450*** (5.97)	-0.0302*** (-11.33)	-0.0357*** (-7.07)	-0.0159* (-1.96)
|kmis|$_{t-1}$	0.9105*** (7.25)	0.9288*** (6.01)	0.6069*** (8.76)	0.6523*** (8.33)				
|kmis|$_{t-2}$	0.1799*** (8.96)	0.1669*** (12.09)	0.1607*** (7.53)	0.1127*** (4.11)				
|lmis|$_{t-1}$					0.6482*** (5.00)	0.7117*** (8.49)	0.9271*** (8.82)	0.6479*** (9.72)
|lmis|$_{t-2}$					0.1857*** (3.65)	0.1382*** (6.57)	0.1278*** (3.39)	0.1494*** (3.50)
|lmis|$_{t-3}$					0.0552*** (3.42)	0.0553*** (5.93)	0.0678*** (5.54)	0.0047** (2.21)
年份固定	Y	Y	Y	Y	Y	Y	Y	Y
城市固定	Y	Y	Y	Y	Y	Y	Y	Y
AR(1)	0.0001	0.0000	0.0007	0.0315	0.0216	0.0000	0.0005	0.0012
AR(2)	0.5386	0.3728	0.1675	0.4349	0.5653	0.2744	0.6268	0.6051
Sargan	0.9054	0.8539	0.9356	1.0000	0.7610	0.8940	0.8333	1.0000
N	1059	993	1021	528	1059	993	1021	528

区生产性服务业集聚对资本错配的影响为正，但不显著。可能的原因在于以下四个方面。一是东部地区专业化分工程度较高，生产性服务业集聚较强，从而有利于资本在本地区生产要素市场和产品市场的高效流通，进而提高资本配置效率。二是伴随着"中部崛起"战略的深入推进和沿海发达地区向中部地区的产业转移，中部地区专业化分工程度在逐渐加深，生产性服务业集聚水平也在不断提高，其对资本错配的改善效果也开始显现。三是得益于"西部大开发"战略和"一带一路"倡议的实施和深入推进，西部地区在经济快速发展的同时，专业化分工水平也在逐渐提高，生产性服务业集聚态势日趋明显，并对该地区的资本错配产生明显的改善效应。四是东北地区作为老工业基地，重工业占比过高，产业结构单一，服务业尤其是生产性服务业发展相对滞后，生产性服务业集聚程度相对较低。但随着"东北地区等老工业基地振兴"战略的不断推进，生产性服务业集聚对资本错配的影响虽然为正，但不显著，表现出积极向好的态势。

东部地区生产性服务业集聚对劳动力错配的影响显著为负，中部地区生产性服务业集聚对劳动力错配的影响虽然为负，但不显著，西部地区和东北地区生产性服务业集聚对劳动力错配的影响都显著为正。东部地区由于经济发达，在教育、医疗和社会保障等方面对技术工人有较强的吸引力，劳动力结构优化，生产性服务业集聚可以有效缓解劳动力错配。中部地区劳动力供给充裕，但劳动力供给结构并不均衡，技术工人占比相对较低，劳动力结构还有待于进一步优化，因此生产性服务业集聚对劳动力错配的改善效果还未显现。西部地区劳动者质量不高，劳动力流动还存在一些障碍，再加上技术工人向东部沿海省份的外流，因而会恶化劳动力错配。东北地区人口老龄化程度较深，年轻人口外流现象严重，阻碍了劳动力结构优化，从而加剧了劳动力错配。

三 分行业回归分析

生产性服务业内部各细分行业之间由于知识和技术含量的不同而呈现较大的差异性，为了考察不同知识和技术含量的生产性服务业集聚对资源配置效率的作用效果，本章将生产性服务业集聚分为高端生产性服务业集聚和低端生产性服务业集聚。其中，高端生产性服务业包括信息传输、计算机服务和软件业，金融业，租赁和商务服务业，科学研究、技术服务和地质勘查业。低端生产性服务业包括交通运输、仓储和邮政业。

表4-4的估计结果显示：高端生产性服务业集聚对资本错配和劳动力错配的影响都显著为负，这表明高端生产性服务业集聚可以有效缓解资本错配和劳动力错配，提高资源配置效率；低端生产性服务业集聚对资本错配的影响显著为负，对劳动力错配的影响显著为正。对此可能的解释是，高端生产性服务业产业关联度高、知识和技术溢出性强，通过高端生产性服务业的集聚，可以提高区域内金融业专业化分工水平和优化劳动力结构，改善资本错配和劳动力错配。低端生产性服务业产业关联性低、知识和技术溢出性相对较弱，高技术工人占比较低，而低技术工人占比则相对较高。由于社会分工和生产过程的不断细化，低技术工人更易被锁定在低端产业或部门，阻碍劳动力的有效合理流动，造成劳动力结构扭曲。因此，通过低端生产性服务业的集聚，可以改善区域内的资本错配，但会加剧劳动力错配。

表 4-4　生产性服务业对资源错配改善的影响：分行业

变量	被解释变量｜kmis｜ 高端生产性服务业	被解释变量｜kmis｜ 低端生产性服务业	被解释变量｜lmis｜ 高端生产性服务业	被解释变量｜lmis｜ 低端生产性服务业
ps	-0.1218*** (-4.84)	-0.1399*** (-2.58)	-0.5016*** (-7.44)	0.3109*** (3.92)
fs	-0.0504** (-2.32)	-0.0067 (-0.51)	-0.3004*** (-8.95)	0.1842*** (6.26)
ls	-0.0414*** (-3.21)	-0.0678*** (-3.45)	-0.2906*** (-8.43)	0.3147*** (9.41)
lnhc	-0.0266** (-2.55)	-0.0335*** (-3.22)	-0.0256* (-1.95)	-0.0776*** (-4.32)
second	-0.0064*** (-5.86)	-0.0046 (-4.17)	-0.0171*** (-5.41)	0.0221*** (6.94)
third	-0.0114*** (-10.26)	-0.0092*** (-7.38)	-0.0174*** (-5.95)	0.0225*** (7.25)
fd	-0.0062* (1.94)	0.0252*** (2.98)	-0.0061*** (-3.85)	0.0192** (2.23)
gov	0.0054*** (2.68)	0.0008* (2.04)	0.0040 (1.19)	0.0081** (2.04)
fdi	-0.1472*** (-6.61)	0.1533*** (7.22)	-0.0106** (-2.25)	-0.0173 (-0.49)
lntc	-0.0079* (-1.86)	-0.0019 (-0.28)	-0.0016* (-1.97)	-0.0028 (-1.29)
｜kmis｜$_{t-1}$	0.8677*** (5.86)	0.8417*** (8.79)		
｜kmis｜$_{t-2}$	0.0192*** (2.72)	0.0323*** (5.15)		
｜lmis｜$_{t-1}$			0.8554*** (4.18)	0.8449*** (5.70)
｜lmis｜$_{t-2}$			0.1357*** (4.97)	0.1292*** (3.28)
｜lmis｜$_{t-3}$			0.0819*** (10.92)	0.0784*** (9.63)

续表

变量	被解释变量|kmis|		被解释变量|lmis|	
	高端生产性服务业	低端生产性服务业	高端生产性服务业	低端生产性服务业
年份固定	Y	Y	Y	Y
城市固定	Y	Y	Y	Y
AR（1）	0.0000	0.0000	0.0019	0.0006
AR（2）	0.2846	0.1029	0.5616	0.4281
Sargan	0.8539	0.9522	0.7643	0.9189
N	3093	3093	2815	2815

四 分城市规模回归分析

生产性服务业集聚对资源配置效率的作用效果还依赖城市规模的大小。根据地级及以上城市数据的可获得性和可比性，借鉴于斌斌和金刚（2014）的做法，根据所研究的地级及以上城市的人口规模将城市分为特大城市（人口数量在200万人以上）、大城市（人口数量介于100万人和200万人之间）、中等城市（人口数量在50万人和100万人之间）、小城市（人口数量在50万人及以下）。

由表4-5的估计结果可知，特大城市和大城市生产性服务业集聚对资本错配和劳动力错配的影响都显著为负，特大城市和大城市生产性服务业集聚可以有效改善区域内资本错配和劳动力错配。究其原因，资金、技术、人才和信息等高端要素倾向于流向特大城市和大城市，对于特大城市和大城市而言，生产性服务的需求量较大，生产性服务业集聚度较高，而生产性服务业集聚能够通过金融业专业化分工、劳动力结构优化、人力资本积累、生产性服务业与制造业的合理布局促使资本错配和劳动力错配改善。

表 4-5 生产性服务业集聚对资源配置效率的影响:分城市规模

变量	被解释变量 |kmis| |||| 被解释变量 |lmis|			
	特大城市	大城市	中等城市	小城市	特大城市	大城市	中等城市	小城市
ps	-0.2629*** (-8.48)	-0.3229*** (-6.89)	-0.1522*** (-11.39)	-0.2592*** (-4.07)	-0.1031*** (-2.73)	-0.4474*** (-3.11)	0.0853*** (5.42)	0.3574*** (10.23)
fs	-0.0089** (-2.50)	-0.0418*** (-8.27)	-0.0429*** (-4.42)	-0.0781*** (-5.10)	0.3012*** (3.87)	0.3337*** (8.19)	0.0938*** (9.59)	0.1263*** (3.34)
ls	-0.3315*** (-2.74)	-0.1192*** (-5.77)	-0.0854*** (-3.35)	-0.1063*** (-5.75)	-0.1971*** (-5.60)	-0.2994*** (-4.12)	-0.264*** (-7.77)	-0.1916*** (-7.49)
lnhc	-0.1222*** (-4.72)	-0.0616*** (-6.12)	-0.0175*** (-3.16)	-0.0690*** (-4.94)	-0.0596*** (-5.39)	-0.1401*** (-10.26)	-0.0084 (-1.63)	-0.3385*** (-3.24)
second	-0.0015 (-0.59)	0.0027** (2.50)	-0.0020*** (-5.54)	-0.0078*** (5.78)	0.0071 (1.52)	0.0279*** (4.63)	-0.0068*** (-11.15)	-0.0256*** (-15.10)
third	-0.0176*** (-6.96)	-0.0025*** (-2.94)	-0.0081*** (-4.34)	-0.0087*** (-6.06)	-0.0132** (-2.27)	-0.0273*** (-5.68)	-0.0001 (-0.40)	0.0416*** (22.89)
fd	-0.0014*** (-5.21)	-0.0652*** (-6.26)	-0.0068 (-1.31)	-0.0258*** (-6.64)	0.0167*** (3.59)	0.0746*** (5.50)	0.0326*** (5.19)	0.0124 (1.43)
gov	0.0025 (0.54)	0.0055*** (3.41)	0.0087*** (6.45)	0.0171*** (7.34)	0.0123*** (5.37)	0.0218*** (3.42)	-0.0052*** (-3.87)	0.0154*** (3.56)
fdi	-1.6034*** (-3.40)	-0.0891* (-1.96)	-0.0799*** (-3.28)	0.229*** (9.60)	3.6797*** (7.17)	-1.5443*** (-5.20)	0.0058 (0.25)	-0.0221* (-1.81)

续表

变量	被解释变量 |kmis|			被解释变量 |lmis|		
	特大城市	大城市	中等城市	小城市	特大城市	大城市	中等城市	小城市

变量	被解释变量 |kmis| 特大城市	大城市	中等城市	小城市	被解释变量 |lmis| 特大城市	大城市	中等城市	小城市
lntc	−0.0339*** (−2.87)	−0.0255*** (−11.01)	−0.0185*** (−5.53)	−0.0183*** (−3.35)	−0.0619*** (−4.80)	−0.0079** (−2.33)	−0.0284*** (7.89)	−0.0112* (−1.97)
|kmis|$_{t-1}$	0.8592*** (6.14)	0.7218*** (6.38)	0.7798*** (9.11)	0.6032*** (8.78)				
|kmis|$_{t-2}$	0.1061*** (3.89)	0.0033*** (3.23)	0.0960*** (7.61)	0.0625*** (7.72)				
|lmis|$_{t-1}$					0.7343*** (8.83)	0.7072*** (5.23)	0.6630*** (6.53)	0.9781*** (8.68)
|lmis|$_{t-2}$					0.1873*** (5.04)	0.0593*** (7.92)	0.1051*** (6.81)	0.1041*** (21.51)
|lmis|$_{t-3}$					0.0711*** (6.65)	0.0397*** (6.99)	0.0043** (2.21)	0.0277*** (6.25)
年份固定	Y	Y	Y	Y	Y	Y	Y	Y
城市固定	Y	Y	Y	Y	Y	Y	Y	Y
AR(1)	0.0077	0.0007	0.0003	0.0029	0.0061	0.0097	0.0000	0.0000
AR(2)	0.2826	0.5512	0.5407	0.1641	0.8742	0.6718	0.1590	0.2171
Sargan	1.0000	0.9513	0.8288	1.0000	0.9993	0.7420	0.7210	1.0000
N	746	1113	1311	778	707	1037	1202	724

而对于中等城市和小城市而言，生产性服务业集聚对资本错配的影响显著为负，而对劳动力错配的影响则显著为正。生产性服务业集聚可以改善中等城市和小城市的资源错配，但会恶化劳动力错配。根据新经济地理学的知识，产业空间集聚的趋势是制造业向成本洼地集聚，生产性服务业向要素高地集聚，产生所谓的"新中心－外围"格局。一方面，受科技实力、基础设施、教育条件、医疗条件等方面的限制，现代物流服务、一般商务、日常性金融等低端生产性服务业倾向于在中等城市和小城市集聚。而土地价格、税收优惠、劳动力成本和环境治理成本等成本优势又会促使制造业在中等城市和小城市集聚，低端生产性服务业与制造业在中等城市和小城市的协同集聚可以促使资本在本地区的合理和高效流动，缓解资本错配。另一方面，随着各大城市"抢人"计划的实施和户籍制度的改革，中等城市和小城市年轻和高素质的劳动力会加快流向就业机会更多、就业前景更好的大城市，造成中等城市和小城市劳动力结构的老化和低端化，从而会进一步恶化本地区劳动力错配。

第四节 结论及政策建议

改善资源错配，提高资源配置效率是供给侧结构性改革的本质要求，也是实现经济高质量发展的必由之路。本章在已有研究基础上，尝试构建生产性服务业集聚对资源错配改善的影响机制，并对中国 2005~2018 年 286 个地级及以上城市的资本错配和劳动力错配程度进行测度，然后从地区、行业和城市规模三个视角，检验生产性服务业集聚对资源错配改善的影响。检验结果表明：生产性服务业集聚能显著改善中国整体的资本错配和劳动力错配。从分地区看，东部地区生产性服务业集聚有利于资本和劳动力错配改善。中部地区生产性服务业集聚可以缓解资本错配，但对劳动力错配的改善效果不明显。西部地区生产性服务业集聚在改善资本错配的同时会恶化劳动力错配。东北地区生产性服务业集聚对资本错配的正向作用不显著，但会加剧劳动力错配。从不同技术含量行业看，高端生产性服务业集聚能有效缓解资本错配和劳动力错配，而低端生产性服务业集聚在改善资本错配的同时会恶化劳动力错配。从不同城市规模看，特大城市和大城市的生产性服务业集聚可以改善资源错配。中等城市和小城市生产性服务业集聚能改善资本错配，但会加剧劳动力错配。

基于研究结果，本章可以得到如下几点政策启示。

第一，培育生产性服务业集群，鼓励生产性服务业集群式发展，从而提高地区生产性服务业集聚水平，进而改善地区资源错配。为此应该从财税政策、金融政策和人力资本政策方面发力。具体而言，在财税政策上，应深化服务业增值税改革，对研发设计、检验检测认证、节能环保等科技型、创新型生产性服务业企业应实施税收激励政策。在金融政策上，应该建立完善多层次、多元化金融服务体系，满足不同类型生产性服务业的融资需求。在人力资本政策方面，生产性服务业是人力资本密集型行业，因此，人力资本在生产性服务业发展过程中起着至关重要的作用。为此，一方面应该加大对本地区人才的培育力度，另一方面应该适时适度引进高端人才，避免盲目引进与本地区资源禀赋不匹配的高新技术人才，建立由企业、高校和政府共同投入的生产性服务业人才培训基地，开展多层次、多形式、多渠道的职业技能训练，提高整个行业人才队伍的专业技术水平和整体能力素质。

第二，继续深化供给侧结构性改革，以生产性服务业集聚为着力点，通过市场化手段减少资本要素和劳动力要素流动的障碍，提高资本市场和劳动力市场的一体化程度，进而提升金融业专业化分工水平，优化劳动力供给结构，推动人力资本积累和完善产业布局，从而提高资本和劳动力配置效率。为此应该采取政府共建、股权投资、贷款贴息及PPP等模式，大力支持先进制造业基地配套功能性生产性服务业中心建设。努力打造与先进制造业发展相适应的支持性生产性服务体系，服务业发展引导资金应优先支持在重点行业和领域加快建设一批高水平、广覆盖的支持性生产性服务业发展载体，集聚高端服务要素，形成生产性服务业发展高地。

第三，东部地区经济发达、市场环境和营商环境良好，生产性服务业集聚程度较高，应进一步推动改革开放，以开放促发展，以发展推动生产性服务业集聚规模的扩张、结构的优化和质量的提升，通过生产性服务业集聚所产生的空间溢出效应，进一步深化专业化分工，引导资本要素和劳动力要素在不同的行业之间、部门之间和企业之间合理快速流动，缓解资源错配，提高资源配置效率，从而增强企业和产品竞争力，提高企业在全球价值链中的地位，努力向微笑曲线两端攀升；中部和西部地区应以东部沿海发达城市产业转移为契机，依靠区位优势和资源优势，尤其是充足的劳动力资源优势，通过和东部地区转移出来的产业资本相结合，提高本地区生产性服务业集聚水平，从而促进产业结构优化升级，缓解资本和劳动力错配；东北地区在保持重工业产业优化的同时，应进一步强化生产性服务业集聚，充分发挥生产性服务业的"黏合剂"和"润滑剂"作用，带动资本和劳动力流向效率高的部门，提升资源配置效率。

第四，特大城市和大城市应该根据自身知识资本和人力资本丰裕的禀赋条件，着重发展高端生产性服务业，形成高端生产性服务业集聚区，提升产品技术含量，并通过高端生产性服务业集聚的溢出效应推动上、中、下游企业资源配置的优化，从而提升本地区企业的全要素生产率和竞争力。另外，将中低端生产性服务业转移到中等城市和小城市，可以缓解城市规模过大所形成的"城市病"问题，使特大城市和大城市专注于高端生产性服务业集聚的发展；而中等城市和小城市则应该以自身要素禀赋状况、区位优势、基础设施条件和人力资本存量等为基础，以中低端生产性服务业集聚为切入点，依靠相对充足的劳动力资源，通过与特大城市和大城市转移出来的产业资本相融合，提升专业化分工水平，减少资本市场和劳动力市场摩擦，引导资源合理和高效流动，从而提高本地区资源配置效率。

第五章　生产性服务业集聚与资源错配改善：专业化还是多样化

在加快构建以国内大循环为主体、国内国际双循环相互促进的新发展格局以及推动经济高质量发展背景下，中国经济增长势必转而更加注重经济增长的质量和效益。虽然，我国经济在过去四十多年取得了快速增长，但这种增长是以生产要素的粗放投入为代价的，会导致行业、地区和部门间存在较为严重的资源错配（Hsieh and Klenow，2009；陈永伟和胡伟民，2011；陈诗一等，2019）。尤其是在产业结构方面亟待摆脱传统制造业和初级工业的束缚，加快发展新兴产业，优化产业结构，缓解资源错配。《中华人民共和国国民经济和社会发展第十四个五年规划和2035年远景目标纲要》提出，"发展壮大战略性新兴产业""促进服务业繁荣发展"。作为现代服务业重要组成部分的生产性服务业，正逐渐成为促进中国产业由生产制造型向生产服务型转变、提高资源配置效率和实现经济高质量增长的主力军。而随着中国服务业的快速发展，生产性服务业的集聚式发展水平也在不断提高。生产性服务业集聚作为能够贯穿企业生产、质量控制、物流运输、广告售后等各价值链环节的现代服务业集群，具有产业关联度高、技术溢出性强和人才密集度高等特征，已经成为缓解资源错配，提高资源配置效率的重要引擎和支撑。

现有关于生产性服务业集聚对资源错配改善影响的研究主要集中在以下两个方面。第一，生产性服务业集聚与城市经济效率的关系。这方面的研究结论还存在争议，部分学者认为生产性服务业集聚可以显著提升城市经济效率，二者表现出明显的线性关系（Wood，2006；Aslesen and Isaksen，2007；张浩然，2015；黄斯婕和张萃，2016；黄繁华和郭卫军，2020；李斌和杨冉，2020）。而另外一些学者则认为生产性服务业集聚与城市经济效率之间并非是简单的促进或抑制关系，更多地呈现显著的非线性关系（韩峰等，2014；李晓萍等，2015；袁冬梅和李恒辉，2021）。也有少数研究者认为生产性服务业集聚并不总是有利于促进经济增长，也可能会给本地区经济发展带来不利的影响。文丰安（2018）实证检验了生产性服务业集聚的经济增长质量效应，认为生产性服务业集聚不利于提升城市经济增长质量，原因是生产性服务业集聚的拥挤效应阻碍了经济增长质量的改善。刘书瀚和于化龙（2020）基于不同城市群的研究也得出了相类似的结论，他们的检验结果表明，"长三角"城市群和"京津冀"城市群生产性服务业集聚对本地区和相邻地区经济增长的影响均不显著，原因是城市群中各城市生产性服务业集聚水平差异较大，从而城市群各梯队城市之间无法形成有效的"集聚—扩散"回路，因而生产性服务业在中心城市的集聚发展并没有发挥良好的溢出效应。第二，产业集聚与资源错配的关系。季书涵等（2016）的研究发现，产业集聚可以通过降低投资门槛和优化劳动力结构改善资源错配。季书涵和朱英明（2017）进一步的研究发现，产业集聚与资源错配之间的关系较为复杂，既与资源错配类型有关，也与产业集聚所处的阶段有关。基于以上研究，季书涵和朱英明（2019）将环境污染纳入分析框架中，得出产业集聚对资源错配的影响与环境污染有关，环境污染会弱化产业集聚对资源错配的改善效果。

然而，遗憾的是，已有研究文献仅仅关注到生产性服务业集聚的城市经济效率增长和产业集聚的资源错配改善效应问题，并未涉及生产性服务业集聚的资源错配改善效应，也未对生产性服务业集聚影响资源错配的内在机理及作用效果展开分析和讨论。为此，综合以往研究，本章在以下几个方面取得进展。第一，从生产性服务业集聚的视角探讨产业集聚对中国资源错配的影响，进而捕捉生产性服务业集聚在资源合理流动及有效配置中的作用和地位。第二，目前大量研究多基于地理空间视角从集聚规模和集聚密度等方面来测度产业集聚程度，不能将产业集聚内部的专业化集聚效应和多样化集聚效应区别开来，因而无法对集聚效应及其类别进行细致、准确的刻画。鉴于此，本章将从专业化和多样化两个方面来构建生产性服务业集聚指标，分别反映生产性服务业集聚产生的马歇尔外部性和雅各布斯外部性。第三，基于不同地区、不同行业结构和不同城市规模三个层面深入细致考察了生产性服务业专业化集聚和多样化集聚影响资源错配的异质性问题，为中国资源错配改善提供精准的数量化界面政策。

第一节 生产性服务业不同集聚模式影响资源错配改善的机制机理分析

根据已有的研究文献，集聚经济效应有专业化集聚经济效应与多样化集聚经济效应之分（梁琦，2014），而相应的生产性服务业集聚也可分为专业化集聚和多样化集聚两种集聚模式（席强敏等，2015；韩峰和阳立高，2020）。生产性服务业集聚作为产业集聚的重要组成部分，资本、知识和技术密集性更强，不同的集聚模式对资源配置影响的差异性也更大。其中，专业化集聚理论最早来源于马歇尔的外部性理论。Marshall（1920）提出了企业因外部性而聚集于同一地理区位的现象，并指出了导致这一现象产生的三个重要因素：一是能够促进专业化供应商队伍的形成，尤其是能够提供不可贸易的特殊投入品，也就是所谓的专业化投入和服务；二是为有专业技术的工人提供了一个公共市场，有利于劳动力的流动，也就是所谓的劳动力共享；三是独特的非正式信息扩散方式有助于知识外溢，也就是所谓的知识和信息流动。Arrow（1962）和Romer（1986）在马歇尔外部性理论基础之上进行了相应的补充和拓展，通过行业内部企业之间的相互联系，一个产业在特定地区的集聚既能为行业发展提供必要的、具有互补性的资产和活动，又能降低企业的供应成本，提升投入与产出市场的专业化水平，进而提高技术水平和资源利用效率。上述三位学者的贡献被Glaeser等（1992）称为"MAR外部性"。一方面，生产性服务业专业化集聚有利于劳动力分工及中间投入品的专业化生产，能够提高资源利用效率。通过集聚，劳动力要素可以在产业内自由流动，这不仅促进了知识、信息、技术和管理经验的传播和扩散，还提高了劳动者素质，增加了劳动者人力资本的累积，缓解了劳动力错配，提升了劳动力配置效率。另一方面，生产性服务业专业化集聚也能够通过资本投入对经济产生影响。在全球生产网络和全球价值链生产体系下，生产性服务业专业化集聚可能存在垂直生产结构，行业及产品之间的前后向联系也更为密切。资本根据要素回报率的高低，从低要素回报率的行业和企业流向高要素回报率的行业和企业，这样可以满足生产效率高的企业在实现生产规模扩张的同时，能够比较便捷和有效地获取资本投入，缓解资本投入扭曲。此外，生产性服务业专业化集聚还可以依靠知识、信息和技术等高端生产要素在企业间流动所产生的溢出效应，通过专业化投入和服务将研发设计、信息技术、现代物流、科技金融和人力资源服务等高端生产性服务嵌入工业活动与价值链中，促进生产环节和生产技术向全球价值链两端攀升，缓解资本和劳动力被锁定在价值链低端所引发的扭曲，提升资源配置效率。为此，我们可以得到如下假设：

假设5-1：生产性服务业专业化集聚可以缓解资本错配和劳动力错配。

与MAR外部性所关注的产业内专业化集聚不同的是，Jacobs外部性则将研究的视角聚焦在产业外部，也就是关联产业的集聚。Jacobs（1969）认为，知识溢出更容易发生在行业之间，而不是行业内部，通过将互补性的企业或经济活动集聚在一起，可以降低搜寻成本，并产生"相互孕育"效应，增加创新机会，促进经济增长。Henderson（1992）也认为，地理位置邻近的公司处在促进交流和知识溢出的网络中。生产性服务业多样化集聚可以利用商业服务和地方公共产品在生产中所形成的范围经济缓解资本和劳动力错配，提升资源配置效率。异质性行业，特别是非标准化和非贸易化产品更倾向于在一个城市集聚（Duranton and Puga，2000），通过这种集聚，不同行业和不同生产工艺的企业可以获取多样化的中间产品和服务，进而提升每个行业的资源配置效率。另外，多样化集聚还为不同行业和不同生产工艺的企业工人提供了转移工作的机会，降低了单一行业失业后职位匹配和职位搜寻所产生的冲击和风险，提升了劳动力和资本的利用效率。

相对于产业内的溢出，正如Jacobs（1969）所指出的，知识和技术的溢出更可能发生在产业间，通过产业间交流，生产企业可以借鉴和观察其他产业部门的方法、生产工艺和流程，形成优势互补，优化资源配置和产业结构。除了范围经济，生产性服务业集聚还可以通过"孵化型配置"（Duranton and Puga，2001）和"市场区"（于斌斌，2018）作用于资源配置。一方面，生产性服务业可以通过多样化集聚强化行业及企业间的技术交流与合作，并基于就近原则通过社会生产网络获得异质性资源，增加工业生产活动服务外包的可获得性和多样化选择，促进资本和劳动力等生产要素配置效率的提升。另一方面，生产性服务业的多样化集聚可以将新生产方法、新生产工艺和新生产流程等新技术应用于新兴产业及高新技术产业，提高企业在市场竞争中的应变能力和市场地位，并通过技术溢出效应提升本地区的创新水平和技术水平，改善资本和劳动力错配。故得出如下假设：

> 假设5-2：生产性服务业多样化集聚能够缓解资本错配和劳动力错配。

虽然生产性服务业集聚的不同模式对资源错配改善的影响机制存在差异，但并不意味着两者之间存在互相排斥的关系。由于城市产业的专业化和多样化集聚通常具有随机性（Duranton and Puga，2001），因此，专业化集聚和多样化集聚在空间上显现出共存（co-exist）的特征。Simonen等（2015）认为产业适度的专业化集聚和多样化集聚均能有效地促进城市经济效率的提升，只不过这种提升作用依赖城市发展水平和城市规模的大小。但无论是专业化集聚还是多样化集聚，均能促进本地区生产性服务业集聚水平的提高和规模的扩大，并进一步引致高端生产要素的累积和结构的优化，进而依赖生产性服务业的黏合剂的作用，通过上下游产业关联关系、自我集聚循环与人力资本积累，借助分享效应、匹配效应和学习效应的发挥，促进信息交流与知识扩散，产生显著的集聚外部性，从而有利于优化资本和劳动力的投入结构，缓解资源错配。生产性服务业通过专业化集聚或多样化集聚的模式在上下游企业的生产过程中，破除了大量物质资本和人力投入的粗放型增长模式对经济高质量发展的路径依赖，实现了产业结构的合理化、高度化和高效化，促进了经济向质量变革、效率变革、动力变革的高质量发展方向转变。为此，我们得到如下假设：

假设5-3：生产性服务业专业化集聚和多样化集聚共存，能够改善资本和劳动力错配。

另外，城市产业的专业化和多样化集聚都存在边际收益递减规律（Simonen et al., 2015），专业化集聚和多样化集聚对本地区经济发展的促进作用受到地区发展水平、城市规模及行业结构的影响，因此，只有适度的产业专业化和多样化才有利于本地区的经济发展。一般而言，由于经济发达地区和大都市都具有完善的市场体系、良好的基础设施、高水平的科研机构和吸引优秀人才的教育医疗条件，所以，生产性服务业更容易在这些地区形成专业化和多样化集聚。现有研究发现，经济发展水平和城市规模与多样化集聚之间存在正相关关系（Black and Henderson，2003），发达地区和具有较大人口规模的大都市更倾向于多样化集聚（Duranton and Puga，2000）。同时，大城市更容易在新兴和高新技术服务业部门形成专业化集聚（比如金融、保险和房地产等），而中等城市和小城市更容易在成熟制造业产业形成专业化集聚（比如纺织、食品和造纸业等）。Jacobs等（2014）的研究还发现，研发服务、技术和信息技术服务、管理咨询服务、市场调研与广告服务等高端生产性服务业更适合在区域性中心城市或国际性大都市进行多样化集聚。另外，从产品生命周期的角度看，多样化集聚发生在产品的早期阶段，专业化集聚发生在产品的成熟和标准化阶段,在这样一种共存体系中,一些城市专业化生产新观念、新思想和新产品(更偏向于多样化集聚的环境),另一些城市专业化生产标准产品(更偏向于专业化集聚的环境)(Duranton and Puga,2001)。故得出:

> 假设5-4:生产性服务业专业化集聚和多样化集聚对资源错配的改善效果受到地区经济发展水平、生产性服务业不同行业之间的巨大差异和城市规模的影响。

图5-1给出了生产性服务业专业化集聚和多样化集聚影响资源错配的技术路线图。

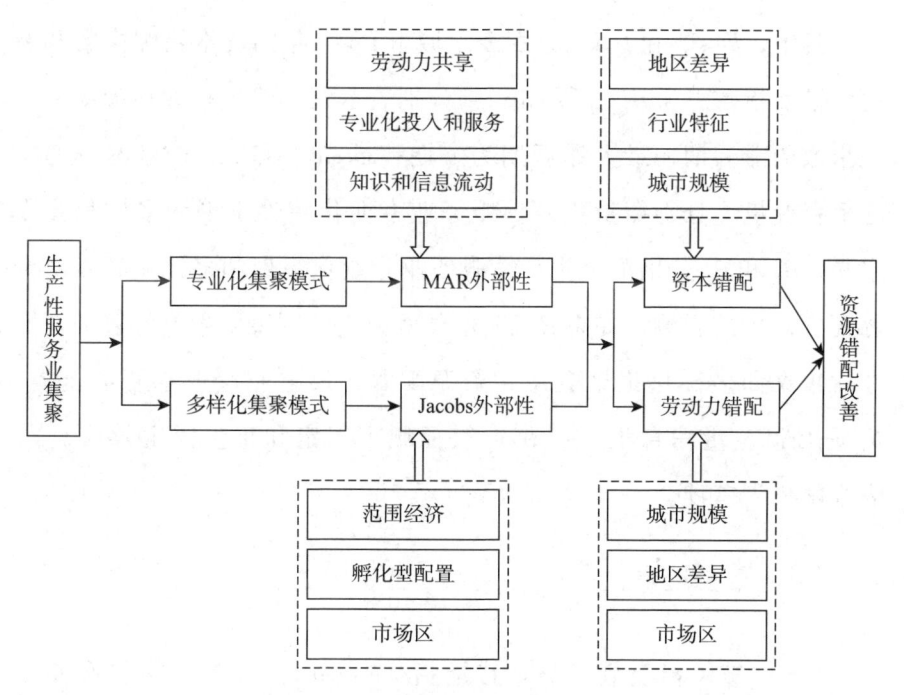

图5-1 生产性服务业不同集聚模式影响资源错配改善的作用机理

第二节 模型构建、相关变量选择与数据说明

一 模型构建

根据前面的理论分析,为了检验生产性服务业不同集聚模式对中国资源错配改善的影响,我们设定如下模型:

$$kmis_{i,t} = \alpha_0 + \sum_{k=1}^{p} \alpha_k kmis_{i,t-k} + \beta_1 special_{i,t} + \beta_2 diver_{i,t} + \gamma X_{i,t} + \mu_i + v_t + \varepsilon_{i,t} \quad (5-1)$$

$$lmis_{i,t} = \alpha_0 + \sum_{k=1}^{p} \alpha_k lmis_{i,t-k} + \beta_1 special_{i,t} + \beta_2 diver_{i,t} + \gamma X_{i,t} + \mu_i + v_t + \varepsilon_{i,t} \quad (5-2)$$

其中,$kmis_{i,t}$ 和 $lmis_{i,t}$ 分别表示城市 i 第 t 年的资本错配指数和劳动力错配指数;$kmis_{i,t-k}$ 和 $lmis_{i,t-k}$ 分别表示资本错配指数和劳动力错配指数的滞后期,最大滞后期为 p 期;$special_{i,t}$ 和 $diver_{i,t}$ 是本章的核心解释变量,分别衡量生产性服务业专业化集聚水平和多样化集聚水平;β_1 和 β_2 分别测度生产性服务业专业化集聚和多样化集聚对资源配置效率的影响,如果 β_1 和 β_2 显著为正,则表明生产性服务业专业化集聚和多样化集聚会恶化资源配置,反之则会改善资源配置。$X_{i,t}$ 是控制变量信息集,μ_i 和 v_t 表征城市固定和年份固定效应,$\varepsilon_{i,t}$ 表征随机误差项。

二 变量选取

(一)被解释变量:资本错配指数($kmis$)和劳动力错配指数($lmis$)

前面第三章第三节根据式(3-28)和式(3-29)已经对资本

错配指数（$kmis$）和劳动力错配指数（$lmis$）进行了测算，因此，在此不做赘述。

（二）解释变量：生产性服务业专业化集聚指数（RZI）和生产性服务业多样化集聚指数（RDI）

对于生产性服务业集聚的测度而言，大多数研究文献都是基于空间地理的视角从集聚规模和集聚密度等方面来刻画生产性服务业集聚，未能将生产性服务业集聚内部的专业化集聚效应和多样化集聚效应加以甄别，因而无法对生产性服务业集聚效应及其类别进行颗粒度更细、精准度更高的测度。McCann（2008）认为，通过构造将各种集聚效应糅合在一起的技术指标来测度产业集聚效应的方法，并不能很好地反映不同集聚类型的作用效果。为此，本章将从专业化集聚和多样化集聚两个视角来测度生产性服务业集聚，用以反映生产性服务业集聚产生的马歇尔外部性和雅各布斯外部性。前面第三章第二节根据式（3-3）和式（3-5）已经对生产性服务业专业化集聚和多样化集聚进行了测算，在此不做赘述。

（三）控制变量

金融发展水平（fd），采用样本期内各地级及以上城市金融机构贷款余额占地区 GDP 的比重来表征，用以测度金融发展水平对资源配置效率的影响；教育水平（$lnedu$），采用样本期内每万人在校大学生人数的对数来表征，教育水平的提高会加速人力资本的积累，人力资本是技术水平和资源配置效率提升的重要推动力；劳动力成本（$lnwage$），采用样本期内各地级及以上城市在岗职工平均工资的对数来测度；政府干预程度（gov），基于财政分权所引发的地方政府"GDP 锦标赛"和官员晋升博弈等行为对地区劳动力、资本等资源配置的方向、规模和效率产生了深远的影响，为了反映政府对资源配置效率的干预程度，本章采用样本期内各地级及以上城市财政支出占地区 GDP 的比重来表征；产业结构（structure），产业结构的优化会引导资源从效率低的部门和产业流向效率高的部门和产业，进而对资源配置效率产生影响，本章采用样本期内各地级及以上城市第三产业增加值占地区 GDP 的比重来测度；外商直接投资（fdi），跨国公司的进入带来了先进的生产流程、生产工艺和管理经验，并通过知识和技术的溢出影响本地区劳动力和资本等资源的配置状况，本章采用样本期内各地级及以上城市的外商直接投资流量占地区 GDP 的比重来测度；信息化水平（lntc），信息技术的快速发展促使生产性服务业可交易性增强、面对面接触减少和在空间上形成集聚，采用样本期内各地级及以上城市人均电信收入的对数来测度。

三　数据说明

基于数据的可获得性、完整性和可比性，本章选取 2005~2018 年中国 286 个地级及以上城市的数据作为研究样本，样本数据主要来源于相关年份《中国城市统计年鉴》和《中国统计年鉴》。表 5 - 1 给出了各个变量的描述性统计。

表 5 - 1　主要变量的描述性统计

变量	名称	样本数	均值	标准差	最小值	最大值
$kmis$	资本错配指数	4004	0.0483	0.4307	-0.9583	4.0011
$lmis$	劳动力错配指数	4004	-0.0606	0.7137	-0.9069	9.5129
RZI	生产性服务业专业化集聚指数	4004	1.6417	0.3932	1.0717	5.4842
RDI	生产性服务业多样化集聚指数	4004	3.4357	1.7889	0.6269	29.0526

续表

变量	名称	样本数	均值	标准差	最小值	最大值
fd	金融发展水平	4004	0.8143	0.5186	0.0753	7.4502
$lnedu$	教育水平	4004	4.4627	1.1189	-0.5242	7.1653
$lnwage$	劳动力成本	4004	10.3547	0.4868	8.5087	12.6780
gov	政府干预程度	4004	7.4726	3.3133	0.4258	23.4616
$structure$	产业结构	4004	37.1528	9.1041	8.5800	85.3400
fdi	外商直接投资	4004	0.0207	0.0543	0.0001	2.6454
$lntc$	信息化水平	4004	6.3309	0.8516	2.4478	10.3199

第三节 生产性服务业不同集聚模式影响资源错配改善的实证分析

一 基准回归分析

核心解释变量生产性服务业专业化集聚指数和多样化集聚指数与被解释变量资源错配指数之间可能存在双向因果关系，即随着生产性服务业专业化集聚和多样化集聚水平的提升，资源错配也在逐渐改善，而资源错配的改善反过来也会促进生产性服务业专业化集聚和多样化集聚水平的提高。为了克服核心解释变量与被解释变量之间由于双向因果关系所产生的内生性问题，本章采用工具变量法来进行修正。具体的，采用生产性服务业专业化集聚指数和多样化集聚指数的滞后二阶作为工具变量。另外，考虑到资源错配具有一定的路径依赖性，且本章的研究样本具有 n（286个地级及以上城市）较大 T（14年）较小的特征，宜采用动态面板模型。而动态面板模型主要包括差分GMM模型和系统GMM模型。Blundell和Bond（1999）的研究表明，当滞后项的系数接近于1的时候，宜采用系

GMM 模型，而当滞后项的系数较小时，宜采用差分 GMM 模型，结合本章的实证检验，滞后项系数都大于 0.6，因此，选择系统 GMM 模型。

表 5-2 列出了相关估计结果，从工具变量的合理性看，随机扰动项的差分存在一阶自相关，但不存在二阶自相关，故接受"扰动项无自相关"的原假设。过度识别的 Sargan 检验结果也接受"所有工具变量都有效"的原假设，所以工具变量的选择是合理的。从核心解释变量的估计系数看，生产性服务业专业化集聚对资本错配和劳动力错配的影响均显著为负，通过生产性服务业专业化集聚可以改善资源错配，研究假设 5-1 成立。生产性服务业多样化集聚对资本和劳动力错配的影响也展现出显著为负的特征，生产性服务业多样化集聚能够缓解资源错配，研究假设 5-2 成立。将生产性服务业专业化集聚和多样化集聚同时引入模型，生产性服务业专业化集聚和多样化集聚的估计系数依然显著为负，即生产性服务业专业化集聚和多样化集聚共存，有利于资本和劳动力错配的改善，研究假设 5-3 成立。就影响程度而言，生产性服务业专业化集聚比多样化集聚更能促进地区资源错配的改善。

另外，根据一阶自相关统计量 AR（1）、二阶自相关统计量 AR（2）和 Sargan 来确定因变量的最优滞后期，经过反复检验发现资本错配指数的最优滞后期为 2，劳动力错配指数的最优滞后期为 3，且都在 1% 水平下显著，表明资本错配和劳动力错配都存在"路径依赖"，且劳动力错配的"路径依赖"时间要比资本错配更长。

从控制变量看，金融发展水平对资本错配的影响为正但不显著，对劳动力错配的影响则显著为正，表明金融发展水平的提高未对资本错配产生影响，却对劳动力资源配置产生了不利的影响。教育水平的估计系数在资本错配和劳动力错配中均显著为负，表明教育水平的提高可以有效改善资本错配和劳动力错配。劳动力成本的估计

表 5-2 生产性服务业不同集聚模式对资源错配改善的影响:基准回归

变量	被解释变量 |kmis|			被解释变量 |lmis|		
RZI	-0.1321*** (-5.38)					
RDI		-0.1014*** (-9.34)	-0.0634*** (-5.95)	-0.0901*** (-6.07)	-0.0741*** (-5.10)	-0.0935*** (-5.09)
fd	-0.0205*** (-8.55)	-0.0195*** (-9.79)	-0.0133*** (-7.68)		-0.0217*** (-5.59)	-0.0145*** (-5.82)	-0.0168*** (-4.79)
lnedu			0.0081 (1.17)			0.0301*** (3.14)
lnwage			-0.0284*** (-5.53)			-0.0088*** (-2.91)
gov			0.0599*** (8.47)			0.0372*** (3.47)
structure			0.0087*** (5.17)			0.0135*** (5.00)
fdi			-0.0056*** (-9.98)			-0.0005* (-1.70)
lntc			-0.1533*** (-9.96)			-0.0108** (2.15)
			-0.0118*** (-2.96)			-0.0000*** (-4.38)

续表

变量	被解释变量 $\|kmis\|$		被解释变量 $\|lmis\|$		
$\|kmis\|_{t-1}$	0.9055*** (83.21)	0.8922*** (80.77)	0.8832*** (87.60)	0.8265*** (68.40)	
$\|kmis\|_{t-2}$	0.1542*** (5.01)	0.1061*** (6.05)	0.1235*** (4.57)	0.1168*** (2.88)	
$\|lmis\|_{t-1}$				0.8997*** (123.56)	0.8869*** (132.57)	0.8885*** (230.07)	0.8797*** (186.30)
$\|lmis\|_{t-2}$				0.1578*** (38.08)	0.1679*** (38.66)	0.1478*** (37.74)	0.1392*** (34.59)
$\|lmis\|_{t-3}$				0.0892*** (20.55)	0.1021*** (19.22)	0.1162*** (21.61)	0.1098*** (20.68)
年份固定	Y	Y	Y	Y	Y
城市固定	Y	Y	Y	Y	Y
AR(1)	0.0000	0.0000	0.0001	0.0000	0.0000	0.0000	0.0005
AR(2)	0.3147	0.2751	0.1823	0.1973	0.6975	0.5813	0.5938	0.7174
Sargan	0.6562	0.6689	0.5657	0.6621	0.6543	0.4989	0.5160	0.6431
N	3432	3432	3432	3432	3146	3146	3146	3146

注:括号内是 t 统计量,*、**、*** 分别表示在 10%、5% 和 1% 的统计水平下显著,下表同。

系数都显著为正，这意味着劳动力成本的快速上升不利于资本和劳动力错配状况的改善。政府的非市场化干预会恶化资本和劳动力错配。而第三产业占比、外商直接投资和信息化水平的提高均会改善资本和劳动力错配状况。

二 分地区检验

区域发展不平衡是中国经济发展过程中的一个显著特征，各地区资源禀赋、区位优势和政策支持的差异使生产性服务业专业化集聚和多样化集聚也呈现明显的区域异质性，而区域异质性必然会对不同区域的资源配置效率产生不同的影响，为了刻画区域异质性影响，本章按各地级及以上城市所在省份的区域位置将它们分为东部、中部、西部和东北四个地区。在上述区域划分基础之上，采用系统GMM方法检验生产性服务业专业化集聚和多样化集聚对不同地区资源配置效率的影响，结果见表5-3。

表5-3的回归结果显示，所有模型的AR（2）和Sargan检验都通过了随机扰动项的自相关性检验和工具变量的合理性检验，工具变量的选择是合理的。从估计系数看，在东部地区，生产性服务业专业化集聚和多样化集聚的系数均显著为负，生产性服务业专业化集聚和多样化集聚均能改善本地区的资本错配和劳动力错配。就改善效果而言，生产性服务业专业化集聚要强于多样化集聚。在中部地区，生产性服务业专业化集聚能改善本地区资本和劳动力错配，生产性服务业多样化集聚能改善本地区资本错配，但对劳动力错配的改善效果不明显。在西部地区，生产性服务业专业化集聚对本地区的资本和劳动力错配都能起到改善作用，而生产性服务业多样化集聚对本地区资本和劳动力错配的改善效果不明显。在东北地区，生产性服务业专业化集聚可以有效改善本地区资本错配，但会恶化

表 5-3 生产性服务业不同集聚模式对资源错配改善的影响：分地区

变量	被解释变量 $\|kmis\|$ 东部地区	中部地区	西部地区	东北地区	被解释变量 $\|lmis\|$ 东部地区	中部地区	西部地区	东北地区
RZI	-0.0228*** (-2.71)	-0.0731*** (-7.00)	-0.0479*** (-5.44)	-0.0135*** (-3.39)	-0.1296*** (-8.92)	-0.0255** (-2.38)	-0.1026*** (-10.73)	0.0435** (2.03)
RDI	-0.0085*** (3.01)	-0.0098*** (-6.92)	-0.0093 (-1.33)	-0.0176 (-1.36)	-0.0164*** (-5.98)	-0.0019 (-1.10)	-0.0309 (-11.73)	-0.0503 (-1.32)
fd	-0.0026** (-2.26)	-0.0087 (-1.19)	-0.0025 (-0.65)	0.2249 (5.17)	-0.0672*** (-16.31)	0.0356*** (3.95)	-0.0001 (-0.70)	0.1977*** (2.58)
lnedu	-0.0164** (-2.25)	-0.0191*** (-3.66)	-0.0401*** (-11.47)	-0.0478*** (-2.77)	-0.0249*** (-2.86)	-0.0017 (-0.2)	-0.1071*** (-23.15)	-0.0959*** (-4.08)
lnwage	0.0857*** (8.89)	0.0286 (3.02)	0.0286*** (5.17)	-0.0017 (-1.07)	0.1069*** (4.04)	-0.1482*** (-20.02)	0.0544*** (8.49)	-0.1355*** (-3.82)
gov	0.0177 (11.25)	0.0036 (1.53)	0.0024 (1.46)	0.0131 (2.61)	0.0354*** (13.80)	0.0075*** (4.70)	0.0223 (16.94)	0.0133 (1.35)
structure	-0.0026*** (-3.79)	0.0056 (9.02)	0.0026 (5.92)	-0.0009 (-0.43)	-0.0002 (-2.24)	-0.0007 (-1.6)	0.0063 (-14.81)	-0.0024 (-1.45)
fdi	-0.0343*** (-4.12)	0.0656 (0.62)	0.4581 (0.91)	-1.3334 (-1.41)	-0.2045*** (-2.03)	-0.1357* (-1.94)	3.9026 (7.40)	-7.0122*** (3.21)
lntc	-0.0019*** (3.46)	0.0031 (0.69)	-0.0284*** (-8.51)	-0.0495*** (-3.56)	-0.0529*** (-7.89)	-0.0237*** (-6.27)	-0.0141*** (-2.92)	-0.0327** (-2.32)

124

续表

变量	被解释变量 $\lvert kmis\rvert$				被解释变量 $\lvert lmis\rvert$			
	东部地区	中部地区	西部地区	东北地区	东部地区	中部地区	西部地区	东北地区
$\lvert kmis\rvert_{t-1}$	0.8702*** (47.35)	0.8573*** (50.57)	0.6401*** (47.71)	0.5812*** (9.38)				
$\lvert kmis\rvert_{t-2}$	0.1220*** (2.58)	0.1257*** (7.07)						
$\lvert lmis\rvert_{t-1}$					0.8984 (41.86)	0.5675*** (48.48)	0.8008*** (20.28)	0.5623*** (8.49)
年份固定	Y	Y	Y	Y	Y	Y	Y	Y
城市固定	Y	Y	Y	Y	Y	Y	Y	Y
AR(1)	0.0002	0.0007	0.0018	0.0028	0.0040	0.0000	0.0037	0.0011
AR(2)	0.1268	0.5276	0.1813	0.4073	0.2593	0.1082	0.2334	0.2334
Sargan	0.9912	0.9675	0.9954	0.9882	0.9996	0.9727	0.9921	0.9141
N	516	1044	1040	988	559	1131	1040	988

劳动力错配，而生产性服务业多样化集聚未对资本和劳动力错配状况产生显著影响。

上述研究结论印证了研究假设 5-4 的部分内容，生产性服务业不同集聚模式对资源错配的改善效果存在显著的地区异质性。其原因可能是，东部地区市场化程度和经济发展水平高，人力资本丰裕，生产性服务业专业化和多样化更容易形成集聚，对该地区资本错配和劳动力错配的改善效果明显。而在中部地区，随着"中部崛起"战略的实施和承接东部地区产业转移步伐的加快，制造业快速集聚，并带动与之关联的生产性服务业专业化集聚的形成，从而有利于对该地区资本错配和劳动力错配的改善。另外，随着中部地区经济的快速发展和生产性服务业专业化集聚水平的不断提高，生产性服务业多样化集聚的态势日趋明显，从而推动了该地区资本错配的改善，但其对劳动力错配的改善效果不明显。而囿于地理环境、区位优势和资源禀赋状况，西部地区的产业集聚程度较低，尤其是知识和技术密集型的生产性服务业的集聚程度更低，主要体现为生产性服务业的专业化集聚和多样化集聚的特征还不明显。因此，生产性服务业专业化集聚可以缓解该地区的资源错配，而生产性服务业多样化集聚对资源错配的改善效果不明显。东北地区是老工业基地，经济发展模式单一，资本密集型产业相对集中，专业化分工优势明显，生产性服务业专业化集聚特征明显。因此，生产性服务业专业化集聚对资本错配的改善效果显著，但恶化了劳动力错配。生产性服务业多样化集聚发展相对滞后，未对资本和劳动力错配产生显著影响。

三 分行业检验

根据研究假设 5-4，生产性服务业不同行业之间的知识和技术的巨大差异导致其对资源错配的影响存在显著的不同。为了验证研究假设 5-4，本章根据生产性服务业不同行业的知识和技术密集度的不同，将生产性服务业集聚分为低端生产性服务业专业化集聚和多样化集聚、高端生产性服务业专业化集聚和多样化集聚。其中，低端生产性服务业包括交通运输、仓储和邮政业；高端生产性服务业包括信息传输、计算机服务和软件业，金融业，租赁和商务服务业，科学研究、技术服务和地质勘查业。表 5-4 给出了低端生产性服务业不同集聚模式和高端生产性服务业不同集聚模式对资本错配和劳动力错配的影响。

表 5-4 生产性服务业不同集聚模式对资源错配改善的影响：分行业

变量	被解释变量 $\|kmis\|$	被解释变量 $\|lmis\|$	被解释变量 $\|kmis\|$	被解释变量 $\|lmis\|$
RZI_{low}	-0.0369*** (-6.31)	-0.2694*** (-3.41)		
RDI_{low}	0.0014 (0.35)	0.0057 (8.40)		
RZI_{high}			-0.0636*** (-6.38)	-0.0561*** (-4.02)
RDI_{high}			-0.0204*** (-6.92)	-0.0246*** (-4.82)
fd	-0.0151*** (-4.48)	-0.0075 (-1.08)	-0.0099*** (-2.68)	-0.0242** (-2.47)
$\ln edu$	-0.0361*** (-6.82)	-0.0937*** (-7.61)	-0.0341*** (-6.62)	-0.0416*** (-6.55)
$\ln wage$	0.0627*** (11.43)	0.0484*** (4.30)	0.0587*** (8.22)	0.0288*** (3.06)
gov	0.0103*** (8.19)	0.0233*** (9.32)	0.0065*** (4.23)	0.0141*** (5.59)
$structure$	-0.0032*** (-9.02)	-0.0012** (-2.13)	-0.0055*** (-9.92)	-0.0005*** (-2.16)
fdi	0.1408*** (10.04)	0.0264 (1.25)	-0.1548*** (-9.17)	-0.0297** (-2.01)

续表

变量	被解释变量 $\lvert kmis \rvert$	被解释变量 $\lvert lmis \rvert$	被解释变量 $\lvert kmis \rvert$	被解释变量 $\lvert lmis \rvert$
$\ln tc$	-0.0081*** (-2.08**)	-0.0018*** (-3.20)	-0.0165*** (-3.92)	-0.0105* (1.97)
$\lvert kmis \rvert_{t-1}$	0.8299*** (8.95)		0.8226*** (7.64)	
$\lvert kmis \rvert_{t-2}$	0.1544*** (2.52)		0.1548*** (2.74)	
$\lvert lmis \rvert_{t-1}$		0.8485*** (5.99)		0.8813*** (9.92)
$\lvert lmis \rvert_{t-2}$		0.1293*** (7.98)		0.1412*** (8.13)
$\lvert lmis \rvert_{t-3}$		0.1061*** (4.36)		0.0794*** (6.52)
年份固定	Y	Y	Y	Y
城市固定	Y	Y	Y	Y
AR(1)	0.0000	0.0002	0.0000	0.0004
AR(2)	0.1887	0.4786	0.1018	0.5761
Sargan	0.7873	0.8547	0.9627	0.8200
N	3432	3146	3432	3146

从低端生产性服务业的专业化集聚估计系数看，低端生产性服务业专业化集聚对资本错配指数和劳动力错配指数的影响都为负，且都在1%的显著水平下通过检验。这表明，低端生产性服务业专业化集聚可以有效地改善资源错配状况，提升资源配置效率；而低端生产性服务业多样化集聚对资本错配指数和劳动力错配指数的影响都没有通过显著性检验，低端生产性服务业多样化集聚对资源错配的影响不显著。从高端生产性服务业不同集聚模式的估计结果看，高端生产性服务业的专业化集聚和多样化集聚对资本错配和劳动力

错配的估计系数都显著为负，也就是说，高端生产性服务业的专业化集聚和多样化集聚都可以缓解资本错配和劳动力错配，有利于资源配置效率的提高。从产业关联角度可以对上述研究结果进行解释，一般而言，低端生产性服务业更偏向于专业化发展模式，且与低端制造业的专业化发展模式相匹配，低端生产性服务业专业化集聚对资源错配的改善效果明显，而多样化集聚模式对资源错配的影响则不显著。高端生产性服务业大都集中在教育和医疗条件较好、人口规模较大和经济实力较强的大城市，为高端制造业发展和产业结构优化升级提供动力和支持，因此，专业化集聚和多样化集聚协同发展的模式更为明显，高端生产性服务业专业化集聚和多样化集聚均有利于缓解资源错配。

四 分城市规模检验

生产性服务业具有高知识溢出、高技术溢出等空间外溢效应，但空间外溢效应的发挥会受到城市规模的影响，进而使得生产性服务业不同集聚模式在不同城市规模下对资本和劳动力错配的影响也存在显著差异。借鉴于斌斌和金刚（2014）的做法，根据所研究的地级及以上城市的人口数量将城市规模分为特大城市（人口数量在200万人以上）、大城市（人口数量介于100万人和200万人之间）、中等城市（人口数量介于50万人和100万人之间）和小城市（人口数量在50万人及以下），从而来验证不同城市规模视角下生产性服务业不同集聚模式对资源错配的影响。

从表5-5的估计结果看，不同城市规模的生产性服务业专业化集聚对资本错配指数的影响均显著为负，这表明生产性服务业专业化集聚可以有效地改善不同城市规模的资本错配状况。从生产性服务业多样化集聚模式看，只有特大城市和大城市的生产性服务业多

表 5-5 生产性服务业不同集聚模式对资源错配改善的影响：分城市规模

变量	被解释变量 $kmis$				被解释变量 $lmis$			
	特大城市	大城市	中等城市	小城市	特大城市	大城市	中等城市	小城市
RZI	-0.0488**	-0.0736***	-0.0528***	-0.0279***	-0.1196***	-0.1069***	-0.0205***	-0.0174***
	(-2.03)	(-13.55)	(-17.99)	(-3.08)	(-3.87)	(-25.26)	(-8.13)	(-6.58)
RDI	-0.0040***	-0.0072***	-0.0135	-0.0041	-0.0218***	-0.0126***	-0.0137	-0.0014
	(-3.04)	(-22.83)	(-1.55)	(-1.02)	(-4.63)	(-13.58)	(-1.67)	(-0.11)
fd	0.0154*	0.0071	-0.0066*	0.0283***	-0.0349**	0.0377***	-0.0398***	-0.0425***
	(1.69)	(0.76)	(-1.87)	(9.36)	(-2.21)	(8.15)	(-8.02)	(-3.07)
lnedu	-0.0140*	-0.0632***	-0.0102***	-0.0255***	-0.0061	-0.0050***	-0.0001	-0.0276***
	(-1.89)	(-19.80)	(-6.68)	(-4.59)	(-0.35)	(12.01)	(1.06)	(-9.83)
lnwage	0.0936***	0.0266***	0.0186***	0.0741***	0.0099	0.0584***	-0.0584***	0.0326
	(3.37)	(5.23)	(7.53)	(9.25)	(0.30)	(6.73)	(-8.49)	(4.69)
gov	0.0287***	0.0072***	-0.0013**	0.0186***	0.0152**	0.0276***	0.0316***	0.0349***
	(6.89)	(7.53)	(-2.29)	(7.54)	(2.34)	(5.57)	(13.03)	(3.74)
structure	-0.0095***	-0.0065***	-0.0054***	0.0006	-0.0023***	-0.0035***	-0.0074***	-0.0133***
	(-8.98)	(-19.93)	(-3.64)	(1.31)	(-6.64)	(-4.94)	(-2.78)	(-5.02)
fdi	-0.8744***	-0.0661***	-0.0341***	0.1716***	3.4005***	-0.4379**	-0.1686***	-0.0843
	(-7.05)	(-2.18)	(-2.79)	(3.62)	(4.70)	(2.05)	(-9.16)	(-1.06)
lntc	-0.0196**	-0.0000***	-0.0283***	-0.0219***	-0.0406***	-0.0121***	0.0410***	-0.0183***
	(-2.38)	(-2.79)	(-15.45)	(-3.83)	(-3.36)	(-2.89)	(-3.06)	(-2.76)

第五章 生产性服务业集聚与资源错配改善：专业化还是多样化

续表

变量	被解释变量 $\|kmis\|$				被解释变量 $\|lmis\|$			
	特大城市	大城市	中等城市	小城市	特大城市	大城市	中等城市	小城市
$\|kmis\|_{t-1}$	0.7688*** (26.82)	0.7792*** (43.76)	0.8003*** (45.76)	0.3451*** (34.74)				
$\|kmis\|_{t-2}$	0.1721*** (8.91)	0.1808*** (2.80)	0.1875*** (9.38)	0.1072 (5.13)				
$\|lmis\|_{t-1}$					0.6925*** (59.56)	0.8265*** (25.61)	0.6652*** (7.61)	0.6154*** (7.18)
$\|lmis\|_{t-2}$					0.1832*** (15.78)	0.1714*** (9.98)	0.1431*** (8.61)	0.1077*** (5.37)
$\|lmis\|_{t-3}$					0.0687*** (7.69)	0.0389*** (8.23)	0.0464*** (5.82)	0.07492*** (4.65)
年份固定	Y	Y	Y	Y	Y	Y	Y	Y
城市固定	Y	Y	Y	Y	Y	Y	Y	Y
AR(1)	0.0189	0.0007	0.0007	0.0020	0.0046	0.0001	0.0000	0.0000
AR(2)	0.2243	0.5276	0.5855	0.2745	0.7973	0.1891	0.1647	0.1489
Sargan	0.9231	0.9675	0.6462	0.9764	0.9514	0.8747	0.5279	08134
N	586	1073	1301	633	547	990	1183	573

131

样化集聚有利于缓解本地区的资本错配,而中等城市和小城市的生产性服务业多样化集聚还未起到改善资本错配的作用。从劳动力错配的情况看,生产性服务业专业化集聚对不同城市规模的劳动力错配影响均显著为负,通过生产性服务业专业化集聚可以改善不同城市规模的劳动力错配,提高劳动力配置效率,但生产性服务业多样化集聚对劳动力错配的改善效应仅仅在特大城市和大城市显著,而在中等城市和小城市则不显著。这一研究结论进一步印证了前面的理论,生产性服务业集聚与城市规模存在显著的"匹配效应",上述研究表明,相对于生产性服务业的专业化集聚,生产性服务业多样化集聚对资源错配的改善仅仅发生在特大城市和大城市。特大城市和大城市具有"虹吸效应",能通过人口规模优势、基础设施优势、医疗与教育优势和范围经济优势将优质资源吸引过来,形成多样化集聚,并利用多样化集聚的"相互孕育"效应,产生新的流程、工艺和产品,同时还可以利用专业化集聚对成熟产品或标准化产品进行专业化生产。因此,特大城市和大城市可以通过多样化集聚和专业化集聚提升资源的配置效率。而中等城市和小城市知识、技术和人力资本积累相对较少,多样化集聚对资源错配的改善效果不明显。不过中等城市和小城市的劳动力成本、拥塞成本、搜寻和匹配成本均相对较低,有利于专业化生产标准化产品,所以中等城市和小城市可以通过专业化集聚促进资源配置效率的提升。

第四节 结论与启示

本章从专业化集聚和多样化集聚两个视角研究了生产性服务业不同集聚模式影响资源错配的作用机理,并利用 2005～2018 年中国

286个地级及以上城市的统计数据，实证检验了生产性服务业专业化集聚和多样化集聚对资源错配的影响。研究发现，生产性服务业专业化集聚和多样化集聚均能有效改善中国整体的资本和劳动力错配，且专业化集聚比多样化集聚更能提升中国的资源配置效率。劳动力错配和资本错配都存在"路径依赖"，劳动力错配的"路径依赖"时间要比资本错配更长。同时，生产性服务业专业化集聚和多样化集聚对资源错配的影响受到地区经济发展水平、行业结构和城市规模的限制。东部地区的生产性服务业专业化集聚和多样化集聚均能改善该地区的资本和劳动力错配；中部地区的生产性服务业专业化集聚能改善本地区的资本和劳动力错配，而多样化集聚仅能改善资本错配，对劳动力错配的改善效果不明显；西部地区生产性服务业专业化集聚能改善资本和劳动力错配，但多样化集聚无论是对资本错配还是劳动力错配都未起到改善作用；东北地区的生产性服务业专业化集聚可以缓解资本错配，但会恶化劳动力错配，而多样化集聚对资本错配和劳动力错配的影响都不显著。高端生产性服务业集聚的特大城市和大城市专业化集聚和多样化集聚均有利于资本和劳动力错配的改善，而低端生产性服务业集聚的中等城市和小城市专业化集聚对资本和劳动力的错配起到改善作用，而多样化集聚对资本和劳动力错配改善效果不明显。

基于研究结果，本章可以得到如下几点启示。

第一，适度的生产性服务业集聚可以起到改善资源错配、提高资源配置效率的作用。各地区应依据自身区位优势、经济发展阶段、要素禀赋状况和科技发展水平，通过选择适合自身特征的生产性服务业集聚模式，充分发挥生产性服务业空间集聚外部性所产生的外溢效应，引导资本要素和劳动力要素在地区、行业和部门之间合理高效流动，改善资本错配和劳动力错配，推动资源配置效率提高和产业结构优化升级，促进本地区经济高质量发展。

第二，生产性服务业专业化集聚和多样化集聚均能改善资源错配，因此在促进地区生产性服务业集聚发展时，各个地区应该从本地区知识资本和人力资本存量的实际出发，推动适合本地区实际发展水平的生产性服务业集聚，这种集聚可以是专业化集聚，也可以是多样化集聚，还可以是生产性服务业专业化集聚和多样化集聚的组合体。

第三，区域中心城市和国际大都市拥有良好的教育、医疗、科技和信息技术等资源，知识资本存量和人力资本存量都处于较高的水平，这为其生产性服务业的发展以及生产性服务业的集聚提供了重要的支撑和保障。区域中心城市和国际大都市在推动生产性服务业专业化集聚水平不断提高的同时，应着重推进生产性服务业多样化集聚，形成高端生产性服务业多样化集聚的新高地，孵化出新观念、新思想、新产品和新营销手段，推动加快形成自主创新能力的新高地，并以科技创新提升产品竞争力，推动产品向高附加值的产业链两端攀升。同时区域中心城市和国际大都市应通过生产性服务业多样化集聚所形成的"范围经济"、"孵化型配置"和"市场区"改善本地区的资源错配，提升资源配置效率。

第四，与区域中心城市和国际大都市相比，中等城市和小城市的教育、医疗、科技和信息技术发展水平均较低，而生产性服务业又属于知识和技术密集型行业，所以在中等城市和小城市不适宜推进生产性服务业的多样化集聚。因此，对于中等城市和小城市而言，在促进生产性服务业发展时，不必在生产性服务业专业化集聚和多样化集聚上同时发力，而应该有所偏重。具体而言，在适当发展生产性服务业多样化集聚的同时，可以将发展的重点聚焦在中低端生产性服务业专业化集聚方面，以中低端生产性服务业专业化集聚为发展的重点和突破口，通过承接区域中心城市和国际大都市转移出来的相关产业，进一步深化专业化分工，做实做深专业化分工。同时，中等城市和小城市还应该注重区域间协同发展对资源配置效率的提升作用，通过与周边地区在分工及产业链上形成优势互补的产业新格局，推动本地区资源要素尤其是劳动力要素在不同地区、不同行业和不同产品间的合理高效流动，改善资本和劳动力错配，提升资源配置效率。

第六章　生产性服务业与制造业协同集聚对资源错配改善的影响

改革开放四十多年来，中国经济经过持续快速发展，进入高质量发展阶段，但市场在资源配置中的决定性作用并未得到充分发挥。Hsieh 和 Klenow（2009）的研究发现，如果中国的资本要素和劳动力要素能够像美国那样重新配置，制造业企业全要素生产率还能够提高 30%~50%。Zhu（2012）则发现，如果政府减少对资本要素和劳动力要素的管制，可以让这两种要素从农业流向制造业和服务业，并在制造业和服务业内部不断地被优化配置，则会降低要素的扭曲程度。因此，在经济高质量发展的新发展格局下，经济增长质量的提升迫切需要地区之间资源配置效率的提高。

产业布局的合理性对区域优势的发挥和经济高质量发展起着至关重要的作用。随着信息技术的快速发展和全球分工的不断细化，产业集聚不仅体现在单一产业在地理上的集中与自我强化，而且更多地表现为相关产业协同集聚的演变过程（Helsley and Strange，2004）。另外，基于国家安全和战略性竞争的需要，欧美等发达经济体近年来相继提出了"再工业化"和"制造业回归"等战略构想，全球产业空间布局正往制造业与生产性服务业协同集聚、高效融合互动的方向转变。

党的十九大报告也强调了生产性服务业对制造业发展的重要支撑作用，并提出了促进制造业与服务业协同发展的要求。2019年，国家发展改革委、工业和信息化部、中央网信办等15个部门联合印发《关于推动先进制造业和现代服务业深度融合发展的实施意见》。意见要求以"制造业+服务业"两业融合，推动制造业的服务化和服务业的制造化。在实践中，生产性服务业与制造业协同集聚已成为不少城市实施产业布局、促进经济结构转型的重要抓手（张虎等，2017），这也意味着产业协同集聚逐渐成为产业协同发展的现实空间平台（陈建军等，2016）。协同集聚形成的近距离"协同式生产"模式，不仅克服了"分离式集聚"等传统分工模式导致的生产效率低下问题，而且最大限度地促进了生产性服务业全面参与制造业的各个生产环节，有利于加快劳动和资本密集型的初级制造向知识和技术密集型的高端制造转变（纪祥裕和顾乃华，2020）。与此同时，生产性服务业与制造业的协同集聚会加速价值链的分解、延伸与重组，并赋予新的价值链更多核心技术与服务，有利于整体价值链的升级与增值。那么，一个值得关注的问题是，在生产性服务业与制造业作为现代经济增长的两个重要推动力量的背景下，生产性服务业与制造业协同集聚能否改善中国的资源错配？对该问题的回答能为中国通过产业布局构建经济高质量发展的新发展格局提供重要的经验支持和参考依据。

第一节　生产性服务业与制造业协同集聚影响资源错配改善的机制机理分析

随着社会分工的不断细化和深化，制造业对生产性服务业的需求日益增加。在规模效应下，生产性服务部门的效率也不断提高。

与此同时，生产性服务业为制造业提供了嵌入研发设计、供应链管理等的高级投入要素，提升了制造业的竞争力与创新能力。这种高效互动的发展模式改变了制造业单一集聚或生产性服务业单一集聚的格局，促使生产性服务业与制造业向协同集聚方向发展和演变。生产性服务业与制造业协同集聚主要通过行业间劳动力共享和上下游关联改善资本错配和劳动力错配。

第一，生产性服务业与制造业协同集聚有助于形成充裕多样化的劳动力供给，进而缓解劳动力错配。这是因为充裕多样化的劳动力供给为企业的生产经营活动提供了坚实的基础。企业不仅可以雇用本行业的劳动力以满足专业化人才的需求，而且能够雇用关联行业的劳动力以获取新想法、新方法和新经营方式。在劳动力资源的流动意向上，Neffke和Henning（2013）的研究发现，伴随着一个行业的衰落，多余的劳动力会被不断释放出来，对于这些剩余劳动力而言，跨地区寻找同一行业再就业并不是他们的最佳选择，他们最终会选择在本地区的其他行业从事工作。同一地区行业间劳动力发生流动这一结论对生产性服务业与制造业协同集聚的地区同样适用。Wolfe和Gertler（2004）提供了一个经典的案例，对劳动者在生产性服务业与制造业之间的自由流动进行了论证，他们的研究发现，电子通信制造业与商务服务业、研发服务业之间存在显著的劳动力流动现象。这种现象表明，劳动力共享不仅会存在于同一行业，而且会出现在不同的行业之间。生产性服务业与制造业的协同集聚不仅能形成一个充裕多样化的劳动力市场，而且能为企业提供高素质的经营者与劳动者，从而提高劳动者在生产性服务业与制造业之间匹配的数量与质量，进而缓解劳动力错配。故根据上面的理论逻辑，我们提出：

假设6-1：生产性服务业与制造业协同集聚通过形成充足多样化的劳动力市场改善劳动力错配。

第二，产业协同集聚可以强化企业上下游关系，降低信息不对称引发的信息和交易费用，从而将资金配置到收益率高的投资项目，扩大企业生产规模，促进企业技术变革，进而提高资本市场的配置效率。在产业边界日益模糊、融合发展日渐加快的背景下，制造业的生产与经营环节已随处可见生产性服务业的身影。当生产性服务业与制造业处于非协同集聚状态或协同集聚水平较低时，生产性服务业企业与制造业企业之间尚未形成明显的上下游关系，从而造成资本无法在二者之间进行合理的流动，也无法快速有效地将资本配置到收益率高的投资项目上，进而阻碍了生产规模的扩张和企业生产技术的提高，并会进一步加剧金融市场资本的错配。当生产性服务业与制造业处于协同集聚的状态时，地理上的邻近提升了资本的上下游可达性，降低了资本在二者之间流动的信息和交易费用，从而可以使资本根据利润最大化的原则在生产性服务业与制造业之间自由流动，为相关企业的发展提供充足的生产资本，这既可以扩大相关企业的生产经营规模，又可以促进其生产工艺和生产方法的革新，进而缓解资本错配，提高资本配置效率。另外，从微观企业的内部资本结构看，一方面，稳定的上下游合作关系能够为企业带来直接或间接的好处，因此企业便有动机维持此种关系。通过在资本结构中保持较低的债务比率，生产特殊产品（unique goods）的供应商可以向其客户发送其破产可能性较小的信号，进而促使客户进行关系专用性资产投资，使上下游关系更加稳定，产生所谓的资本结构的战略承诺效应。另一方面，上下游合作关系的突然中断会使供应商的现金流产生异常波动，削弱其偿还债务的能力，尤其是对客户关系依赖程度较高的供应商,大客户的流失可能会使其陷入财务危机。出于对下游客户关系潜在变动的预防,上游供应商便有动机保持较低的债务比率以降低自身陷入财务危机的可能性,产生所谓的资本结构的预防效应。因此,产业协同集聚通过微观企业内部资本结构的战略承诺效应和预防效应的互动发展缓解了资本错配,提高了资本配置效率,从而我们可以得出:

假设6-2:生产性服务业与制造业协同集聚通过强化企业上下游关系缓解资本错配。

第二节 模型构建、相关变量选择与数据说明

一 模型构建

根据前面的理论分析,为了检验生产性服务业与制造业协同集聚对中国资源错配改善的影响,我们设定如下模型:

$$kmis_{i,t} = \alpha_0 + \sum_{\tau=1}^{p} \alpha_\tau kmis_{i,t-\tau} + \beta coagg_{i,t} + \gamma X_{i,t} + u_i + v_i + \varepsilon_{i,t} \quad (6-1)$$

$$lmis_{i,t} = \alpha_0 + \sum_{\tau=1}^{p} \alpha_\tau lmis_{i,t-\tau} + \beta coagg_{i,t} + \gamma X_{i,t} + u_i + v_i + \varepsilon_{i,t} \quad (6-2)$$

其中,$kmis_{i,t}$和$lmis_{i,t}$是本章的被解释变量,分别表示城市i在第t年的资本错配指数和劳动力错配指数;$kmis_{i,t-\tau}$和$lmis_{i,t-\tau}$表示资本错配指数和劳动力错配指数的滞后期,最大滞后期为p期;$coagg_{i,t}$为核心解释变量,表征城市i在第t年的生产性服务业与制造业协同集聚指数。β测度了生产性服务业与制造业协同集聚对资源错配的

影响，如果 β 显著大于0，则反映生产性服务业与制造业协同集聚会恶化资源错配；反之，如果 β 显著小于0，则反映生产性服务业与制造业协同集聚可以改善资源错配。$X_{i,t}$ 为控制变量信息集，u_i 和 v_i 分别表示城市和年份固定效应，$\varepsilon_{i,t}$ 为随机干扰项。

二 变量选取

(一) 被解释变量：资本错配指数（$kmis$）和劳动力错配指数（$lmis$）

前面第三章第三节中根据式（3-28）和式（3-29）已经对资本错配指数（$kmis$）和劳动力错配指数（$lmis$）进行了测算，因此，在此不做赘述。

(二) 解释变量：生产性服务业与制造业协同集聚指数（$coagg$）

前面第三章第二节中根据式（3-8）已经对生产性服务业与制造业协同集聚指数进行了测算，在此不做赘述。

(三) 控制变量

除了核心解释变量生产性服务业与制造业协同集聚指数，还有一些重要的变量也会影响到资本错配和劳动力错配，根据已有研究和前面的理论分析框架，本章设定如下影响资本错配和劳动力错配的控制变量。

金融发展水平（fd），采用样本期内各地级及以上城市金融机构贷款余额占地区 GDP 的比重来衡量，用以测度金融发展水平对资源配置效率的影响。教育水平（$lnhc$），基于数据的可获得性和可比性，采用样本期内各地级及以上城市每万人在校大学生人数的对数来衡量，用以测度受教育水平对资源错配的影响。一般而言，受教育水平越高，人力资本存量越大，高技术工人所占的比重也会越高，从而越有利于改善劳动力错配。劳动力成本（lnwage），利用样本期内各地级及以上城市在岗职工平均工资的对数来衡量。一方面，劳动力工资水平的提高会引起劳动生产率上升。另一方面，劳动力成本的上升也有利于提高劳动者工作的积极性，为劳动者进行专业技能培训提供了更多的机会，从而有利于提高企业的生产效率。政府干预程度（gov），采用样本期内各地级及以上城市财政收入占地区GDP的比重来衡量。适度的政府干预有利于资源配置效率的提高，而过度的政府介入则不利于资源的合理配置。产业结构（structure），本章选用样本期内各地级及以上城市的第三产业增加值占比来表征。具体的，以各地级及以上城市第三产业增加值占地区GDP的比重来测度，合理的生产性服务业与制造业布局可以促使资源由效率低的部门和行业向效率高的部门和行业流动，进而缓解资源错配。外商直接投资（fdi），采用样本期内各地级及以上城市外商直接投资流量占地区GDP的比重来测度。通过外资的技术溢出效应，本地企业可以获得先进的产品生产工艺、技术和管理经验，提高资源的利用效率。信息化水平（lntc），采用样本期内各地级及以上城市人均电信收入的对数来测度。随着信息技术的快速发展，新业态、新经济不断涌现，并引导资源从过剩的传统产业流向效率高的新兴产业，优化资源配置。

三 数据说明

基于数据的可获得性、完整性和可比性，本章选取2005～2018年中国286个地级及以上城市的数据作为研究的样本，样本数据主要来源于相关年份《中国城市统计年鉴》、《中国统计年鉴》和各个地级及以上城市的《国民经济和社会发展统计公报》。表6-1给出了各个主要变量的描述性统计。

表6-1 主要变量的描述性统计

变量	名称	样本数	均值	标准差	最小值	最大值
$kmis$	资本错配指数	4004	0.0483	0.4307	-0.9583	4.0011
$lmis$	劳动力错配指数	4004	-0.0606	0.7137	-0.9069	9.5129
$coagg$	生产性服务业与制造业协同集聚指数	4004	2.5214	0.3711	1.0000	5.7177
fd	金融发展水平	4004	0.8143	0.5186	0.0753	7.4502
$lnhc$	教育水平	4004	4.4627	1.1189	-0.5242	7.1653
$lnwage$	劳动力成本	4004	10.3547	0.4868	8.5087	12.6780
gov	政府干预程度	4004	7.4726	3.3133	0.4258	23.4616
$structure$	产业结构	4004	37.1528	9.1041	8.5800	85.3400
fdi	外商直接投资	4004	0.0207	0.0543	0.0001	2.6454
$lntc$	信息化水平	4004	6.3309	0.8516	2.4478	10.3199

第三节 生产性服务业与制造业协同集聚影响资源错配改善的实证分析

一 基准回归

核心解释变量生产性服务业与制造业协同集聚指数与被解释变量资源错配指数之间可能存在双向因果关系，即随着生产性服务业与制造业协同集聚水平的提升，资源错配也在逐渐改善，而资源错配的改善反过来也会促进生产性服务业与制造业协同集聚水平的提高。为了克服核心解释变量与被解释变量之间由于双向因果关系所产生的内生性问题，本章采用工具变量法进行修正。具体的，采用生产性服务业与制造业协同集聚指数的滞后二阶作为工具变量。另外，考虑到资源错配具有一定的路径依赖性，且本章的样本具有 n（286个地级及以上城市）较大 T（14年）较小的特征，宜采用动态面板模型。而动态面板模型主要包括差分 GMM 和系统 GMM 模型，Blundell 和 Bond（1999）的经验研究表明，当滞后项的系数接近于1的时候，宜采用系统 GMM 模型，而当滞后项的系数较小时，宜采用差分 GMM 模型，结合本章的实证检验，滞后项都大于0.6，因此，选择系统 GMM 模型。

表6-2列出了相关估计结果，从工具变量的合理性看，随机扰动项的差分存在一阶自相关，但不存在二阶自相关，故接受"扰动项无自相关"的原假设，过度识别的 Sargan 检验结果也接受"所有工具变量都有效"的原假设，所以工具变量的选择是合理的。从核心解释变量的估计系数看，无论控制变量是否加入，生产性服务业与制造业协同集聚指数的估计系数均为负，且在1%或5%的显著性水平下通过统计检验，表明生产性服务业与制造业的协同集聚可以改善资本和劳动力的错配状况，生产性服务业与制造业协同集聚有利于资源配置效率的提高。从影响程度看，生产性服务业与制造业协同集聚影响资本错配的估计系数为-0.2188，而影响劳动力错配的估计系数为-0.0532，生产性服务业与制造业协同集聚对资本错配的改善效果要明显大于对劳动力错配的改善效果。另外，根据一阶自相关统计量 AR（1）、二阶自相关统计量 AR（2）和 Sargan 来确定因变量的最优滞后期，经过反复检验发现资本错配指数的最优滞后期为2，劳动力错配指数的最优滞后期为3，且都在1%水平下显著，表明资本错配和劳动力错配均存在显著的"路径依赖"，且从滞后时间看，劳动力错配的"路径依赖"时间要比资本错配更长。

表6-2　生产性服务业与制造业协同集聚对资源错配改善的影响：基准回归

变量	被解释变量 $\|kmis\|$	被解释变量 $\|kmis\|$	被解释变量 $\|lmis\|$	被解释变量 $\|lmis\|$
$coagg$	-0.2165*** (-5.80)	-0.2188*** (-6.78)	-0.0419** (-2.23)	-0.0532** (-2.16)
fd		-0.0106** (-2.17)		-0.0192 (-1.39)
$\ln hc$		-0.0227** (-2.49)		-0.0441*** (-3.01)
$\ln wage$		0.0627*** (6.65)		-0.0142 (-0.84)
gov		0.0132*** (6.53)		0.0173*** (4.18)
$structure$		-0.0047*** (-7.80)		-0.0022** (-2.16)
fdi		-0.1616*** (-8.58)		-0.0221 (-1.5)
$\ln tc$		-0.0103* (-1.96)		-0.0042** (-2.08)
$\|kmis\|_{t-1}$	0.9122*** (70.76)	0.8607*** (56.50)		
$\|kmis\|_{t-2}$	0.0394*** (6.03)	0.0322*** (4.13)		
$\|lmis\|_{t-1}$			0.8934*** (8.31)	0.8661*** (9.62)
$\|lmis\|_{t-2}$			0.1101*** (13.29)	0.1242*** (19.55)
$\|lmis\|_{t-3}$			0.0141*** (24.15)	0.0872*** (9.91)
年份固定	Y	Y	Y	Y
城市固定	Y	Y	Y	Y
AR(1)	0.0000	0.0000	0.0003	0.0004
AR(2)	0.1613	0.1778	0.2705	0.2742

续表

变量	被解释变量 $\mid kmis \mid$	被解释变量 $\mid kmis \mid$	被解释变量 $\mid lmis \mid$	被解释变量 $\mid lmis \mid$
Sargan	0.6172	0.5856	0.7234	0.9877
N	3718	3718	3718	3718

注：括号内是 t 统计量，*、**、*** 分别表示在 10%、5% 和 1% 的统计水平下显著，下表同。

从控制变量看，金融发展水平对资本错配的影响为负，且在5%的统计水平下显著，表明金融发展对资本错配改善产生了有利的影响，可以改善资本错配。而金融发展水平对劳动力错配的影响虽然为负但不显著，这表明金融发展虽然可以改善劳动力错配，但这种改善效果还不显著。教育水平对资本错配和劳动力错配的估计系数均显著为负，说明教育水平的提高既可以缓解资本错配又可以缓解劳动力错配，加大教育投入，提高就业者的教育水平是提高资源配置效率的有效途径之一。在以资本错配指数为因变量的估计结果中，劳动力成本的估计系数显著为正，劳动力成本的上升恶化了资本错配，不利于资本配置效率的提高。在以劳动力错配指数为因变量的估计结果中，劳动力成本的估计系数为负但不显著，劳动力成本的上升虽然有助于缓解劳动力错配但还不显著。政府干预程度的估计系数均显著为正，这表明过度的政府非市场化干预会恶化资本错配和劳动力错配，不利于资源配置效率的提高。从产业结构变量看，无论是以资本错配指数还是以劳动力错配指数为因变量，产业结构的估计系数均显著为负，说明第三产业占比的提高可以缓解资本错配和劳动力错配，产业结构高度化和高级化是提高资源配置效率的一个有效途径。外商直接投资的估计系数在以资本错配指数为因变量的检验结果中显著为负，而在以劳动力错配指数为因变量的检验结果中虽然为负但不显著。这表明吸引外资可以改善资本错配，但对劳动力错配的改善效果还不明显,跨国公司所产生的技术溢出效应对资本错配和劳动力错配的影响呈现分化现象。而对于信息化水平而言,信息化水平的估计系数在以资本错配指数和劳动力错配指数为因变量的检验中均显著为负,信息化水平的提高可以改善资本错配和劳动力错配,不断提高信息化水平是缓解资本错配和劳动力错配的一个有效举措。

从资本错配指数和劳动力错配指数的滞后项看,资本错配指数的滞后一期和二期的估计系数均显著为正,劳动力错配指数的滞后一期、二期和三期的估计系数也均显著为正。这表明,资本错配和劳动力错配均存在显著的路径依赖,且从路径依赖时间的长短看,劳动力错配的路径依赖时间比资本错配的路径依赖时间更长。

二 分地区检验

基准回归结果表明,生产性服务业与制造业协同集聚可以有效改善资本错配和劳动力错配。然而,不同地区在经济发展水平、基础设施条件和产业结构特征等方面均存在显著的差异,从而生产性服务业与制造业协同集聚水平也存在明显的异质性特征。那么,对于不同地区而言,这种生产性服务业与制造业协同集聚的资源错配改善效应是否依然存在?如果存在,其对资源错配的改善效应是否存在差异?鉴于此,本部分将所研究的286个地级及以上城市按照所属的省区市划分为东部地区、中部地区、西部地区和东北地区。

表6-3给出了不同地区生产性服务业与制造业协同集聚对资源错配改善的影响。从对资本错配的影响看,东部地区、中部地区和西部地区的生产性服务业与制造业协同集聚对资本错配的影响均显著为负,表明东部、中部和西部地区的生产性服务业与制造业协同

表 6-3 生产性服务业与制造业协同集聚对资源错配改善的影响：分地区

变量	被解释变量 $\lvert kmis\rvert$				被解释变量 $\lvert lmis\rvert$			
	东部	中部	西部	东北	东部	中部	西部	东北
coagg	-0.1437*** (-12.58)	-0.0893*** (-5.19)	-0.0887*** (-10.63)	-0.0775 (-0.95)	0.6407*** (26.54)	-0.0295** (-2.01)	-0.0934*** (-9.56)	-0.0013 (-0.12)
fd	-0.0255** (-2.40)	-0.0012 (-1.24)	0.0037 (0.98)	-0.1126*** (-3.16)	-0.0538*** (-15.90)	-0.0249*** (-13.01)	0.0762*** (18.10)	0.0153 (0.29)
lnhc	-0.0453*** (-6.55)	-0.0308*** (-6.48)	-0.0463*** (-12.78)	-0.0167 (-1.21)	-0.1152*** (-17.77)	-0.0037 (-1.49)	-0.1204*** (-15.58)	-0.0399* (-1.76)
lnwage	-0.0406*** (-3.74)	0.0666*** (8.97)	0.0453*** (11.99)	0.0473* (1.66)	0.0753*** (5.09)	-0.0697*** (-15.26)	0.0608*** (8.52)	-0.1204*** (-5.38)
gov	0.0094*** (6.19)	0.0162*** (9.30)	0.0202*** (15.78)	0.0092* (1.93)	0.0254*** (11.02)	-0.0124*** (-9.45)	0.0412*** (30.31)	0.0180*** (4.23)
structure	-0.0085*** (-3.84)	-0.0055*** (-11.46)	0.0035*** (15.484)	0.0007 (0.27)	0.0048*** (6.02)	-0.0029*** (-6.43)	0.0048*** (14.22)	0.0059* (1.76)
fdi	-0.2515*** (-6.03)	0.1919*** (7.71)	-0.1559 (-1.59)	-1.8446* (-1.87)	0.2878*** (3.36)	0.0103** (2.37)	4.0240*** (9.16)	5.5611*** (3.91)
lntc	-0.0131** (2.12)	-0.0090** (-2.22)	-0.0361*** (-13.22)	-0.0311** (-2.41)	-0.0431*** (-6.60)	-0.0221*** (-6.81)	-0.0202*** (-7.54)	-0.0109 (-1.51)
$\lvert kmis\rvert_{t-1}$	0.8902*** (20.08)	0.9178*** (10.44)	0.6190*** (6.28)	0.7901*** (17.95)				

第六章 生产性服务业与制造业协同集聚对资源错配改善的影响

续表

变量	被解释变量 $\|kmis\|$				被解释变量 $\|lmis\|$			
	东部	中部	西部	东北	东部	中部	西部	东北
$\|kmis\|_{t-2}$	0.0067** (2.11)	0.1109*** (10.19)	0.0345*** (12.71)	0.0524*** (3.62)				
$\|lmis\|_{t-1}$					0.7645*** (8.64)	0.7694*** (6.19)	0.9662*** (5.70)	0.5062*** (6.49)
$\|lmis\|_{t-2}$					0.1358*** (9.48)	0.1132*** (7.51)	0.1493*** (29.99)	
$\|lmis\|_{t-3}$					0.0693*** (4.30)	0.0594*** (4.64)	0.0537*** (10.87)	
年份固定	Y	Y	Y	Y	Y	Y	Y	Y
城市固定	Y	Y	Y	Y	Y	Y	Y	Y
AR(1)	0.0000	0.0000	0.0015	0.0440	0.0356	0.0000	0.0057	0.0032
AR(2)	0.1606	0.1950	0.1730	0.7230	0.4791	0.2455	0.7769	0.2974
Sargan	0.9209	0.9432	0.9391	1.0000	0.7550	0.8990	0.7817	1.0000
N	1059	993	1021	528	1059	993	1021	528

149

集聚可以有效缓解本地区的资本错配，生产性服务业与制造业协同集聚是改善这三大地区资本错配的一个重要途径。而东北地区的生产性服务业与制造业协同集聚对资本错配的影响虽然为负，但不具有统计意义上的显著性，也就是说，东北地区生产性服务业与制造业协同集聚对资本错配的改善效果还不明显。究其原因，东北地区产业结构单一，以重工业为主，资本主要配置在重化工业，生产性服务业与制造业协同集聚程度相对较低，对资本错配的改善效果还不明显，还有待于进一步提高。而随着东部地区率先发展战略、中部崛起战略和西部大开发战略的实施和推进，东部、中部、西部三大地区的生产性服务业与制造业协同集聚程度不断提高，对资本错配的改善效果在不断增强。

从对劳动力错配的影响看，东部地区生产性服务业与制造业协同集聚对劳动力错配的影响为正，且在1%的统计水平下显著，这意味着生产性服务业与制造业协同集聚加剧了东部地区的劳动力错配。中部地区和西部地区生产性服务业与制造业协同集聚对劳动力错配的影响展现出一致性特征，均显著为负，这表明生产性服务业与制造业协同集聚可以有效缓解中部地区和西部地区的劳动力错配。东北地区生产性服务业与制造业协同集聚对劳动力错配的影响为负但不显著，这意味着东北地区的生产性服务业与制造业协同集聚虽然可以起到改善本地区劳动力错配的作用，但这种改善作用还不显著。上述研究结论产生的可能原因是，东部地区劳动力市场存在的供给和需求层面的结构性矛盾和不平衡性，导致该地区劳动力存在较为严重的错配，而生产性服务业与制造业的协同集聚进一步加剧了该地区的劳动力错配。中部地区和西部地区由于劳动力相对充足，再加上东部地区产业向中部和西部地区的转移，中部和西部地区劳动力配置效率进一步提高，从而生产性服务业与制造业协同集聚改善了本地区的劳动力错配，提高了劳动力的配置效率。东北地区劳动力就业主要集中在重化工业，且国有企业吸纳了大量的劳动力，为此，劳动力在部门之间和不同性质的企业之间转移成本较高，流动较为缓慢，阻碍了劳动力配置效率的提高，扭曲了劳动力配置，从而导致该地区生产性服务业与制造业协同集聚的劳动力错配改善效果并不显著。

三 分城市规模检验

产业集聚主要发生在城市，特别是大城市和城市圈。不同的城市和城市圈由于其要素禀赋、政策支持和历史不同，形成了不同的产业集聚，比如，上海陆家嘴金融中心、北京中关村科技集聚中心。不同城市不同的产业集聚形成了不同的产业协同集聚中心，进而对本地区的资本错配和劳动力错配产生了影响。为了刻画不同城市规模的生产性服务业与制造业协同集聚对资本错配和劳动力错配的影响，本书借鉴于斌斌和金刚（2014）的做法，根据所研究的地级及以上城市的人口数量将城市规模分为特大城市（人口数量在200万人以上）、大城市（人口数量介于100万人和200万人之间）、中等城市（人口数量介于50万人和100万人之间）和小城市（人口数量在50万人及以下），从而来验证不同城市规模视角下生产性服务业与制造业协同集聚对资源错配的影响。

表6-4展示了不同城市规模的生产性服务业与制造业协同集聚对资源错配的影响。从对资本错配的影响看，特大城市、大城市和中等城市的生产性服务业与制造业协同集聚对资本错配的影响系数为负，且都在1%的统计水平下显著，表明特大城市、大城市和中等城市的生产性服务业与制造业协同集聚均可以促进本地区的资本错配改善，生产性服务业与制造业协同集聚是改善城市资本错配的

表 6-4 生产性服务业与制造业协同集聚对资源错配改善的影响:分城市规模

变量	被解释变量	kmis					被解释变量	lmis			
	特大城市	大城市	中等城市	小城市	特大城市	大城市	中等城市	小城市
coagg	-0.2095*** (-12.25)	-0.3358*** (-28.98)	-0.0446*** (-4.20)	-0.0354 (-1.44)	0.1892*** (3.48)	0.7901** (34.09)	-0.1100*** (-8.44)	-0.1974*** (-10.44)
fd	0.0413*** (3.40)	-0.0301*** (-6.60)	-0.0039 (-0.81)	0.0178*** (11.79)	0.0179* (1.87)	0.0877*** (8.37)	0.0429*** (8.79)	0.0353*** (15.41)
lnhc	-0.0046** (2.23)	-0.0648*** (-12.95)	-0.0143*** (-3.07)	-0.0470*** (-6.03)	-0.0604** (-2.54)	-0.0122 (-1.50)	-0.0058 (-0.70)	-0.3187*** (42.91)
lnwage	0.0938*** (5.15)	0.0169*** (3.87)	0.0289*** (4.89)	0.1005*** (8.17)	0.0012 (0.40)	-0.0013 (-0.13)	-0.0218** (-1.97)	0.0532*** (7.48)
gov	0.0424*** (10.11)	0.0096*** (13.93)	0.0018 (1.22)	0.0307*** (18.10)	0.0182*** (4.39)	0.0186*** (10.92)	0.0099*** (5.80)	0.0314*** (6.50)
structure	-0.0125*** (-14.13)	0.0068*** (16.86)	0.0060*** (14.47)	0.0006 (1.54)	-0.0017*** (-4.33)	-0.0011** (-2.25)	-0.0081*** (-13.00)	0.0136*** (29.06)
fdi	1.4965*** (3.05)	-0.1664*** (-4.12)	0.0403 (1.45)	0.1656*** (5.64)	4.0452*** (6.80)	-1.0837*** (-3.74)	-0.2106*** (-2.81)	-0.0388*** (-4.89)
lntc	-0.0120** (-2.01)	-0.0075** (-2.47)	-0.0235*** (-6.78)	-0.0187*** (-3.89)	-0.0574*** (-5.81)	-0.0127*** (-2.98)	-0.0524*** (-11.64)	-0.0271*** (-3.88)
|kmis|_{t-1}	0.7560*** (68.91)	0.7656*** (18.10)	0.8219*** (18.62)	0.5066*** (55.44)				

续表

变量	被解释变量 $\|kmis\|$			被解释变量 $\|lmis\|$		
	特大城市	大城市	中等城市	小城市	特大城市	大城市	中等城市	小城市
$\|kmis\|_{t-2}$	0.1501** (7.72)	0.0069*** (2.72)	0.0892*** (16.84)	0.1255*** (17.22)				
$\|lmis\|_{t-1}$					0.6811*** (6.68)	0.7855*** (5.49)	0.6623*** (6.22)	0.9929*** (7.63)
$\|lmis\|_{t-2}$					0.1927*** (4.58)	0.0749*** (4.97)	0.1274*** (22.33)	0.1285 (25.11)
$\|lmis\|_{t-3}$					0.0734*** (8.98)	0.0209*** (8.88)	0.0427*** (5.58)	0.2928*** (5.63)
年份固定	Y	Y	Y	Y	Y	Y	Y	Y
城市固定	Y	Y	Y	Y	Y	Y	Y	Y
AR(1)	0.0205	0.0007	0.0008	0.0024	0.0036	0.0000	0.0000	0.0066
AR(2)	0.2056	0.3217	0.5800	0.1899	0.8647	0.1036	0.1114	0.8471
Sargan	1.0000	0.6864	0.2101	0.9999	1.0000	0.2367	0.9759	0.9995
N	503	927	1140	573	503	927	1140	573

一个重要途径。对小城市而言，生产性服务业与制造业协同集聚对资本错配的影响系数为负，但不显著。这意味着，小城市的生产性服务业与制造业协同集聚虽然可以起到改善本地区资本错配的作用，但这种作用尚不显著。上述研究结论产生的可能原因是，大城市具有发达的市场经济、巨大的市场规模、完善的基础设施、颇具竞争力和发展潜力的行业企业，从而吸引了大量优质的资本涌入，这些资本依据生产效率和利润最大化在不同的行业和企业之间自由流动，这一方面可以提高本地区的资本配置效率，另一方面可以提高本地区生产性服务业与制造业的协同集聚水平，在上述两个方面的推动下，特大城市、大城市和中等城市的生产性服务业与制造业协同集聚可以有效地缓解本地区的资本错配。而对于小城市而言，市场经济发展相对滞后、市场规模较小、基础设施发展不足、行业企业竞争力和发展潜力不高，从而导致本地区大量的资本流向大城市，造成本地区资本相对不足和资本错配现象的产生，并引致本地区生产性服务业与制造业协同集聚发展缓慢，阻碍了生产性服务业与制造业协同集聚对资本错配的改善。

从对劳动力错配的影响看，生产性服务业与制造业协同集聚对特大城市和大城市资源错配的估计系数为正，且至少在5%的统计水平下显著，这意味着特大城市和大城市的生产性服务业与制造业协同集聚对本地区的劳动力错配产生了不利的影响，恶化了本地区的劳动力错配状况。中等城市和小城市生产性服务业与制造业协同集聚对劳动力错配的影响为负，且都在1%的统计水平下显著，这表明中等城市和小城市生产性服务业与制造业协同集聚对本地区的劳动力错配产生了有利的影响，显著改善了本地区的劳动力错配状况。特大城市和大城市劳动力市场存在明显的结构性矛盾，高技能劳动者和中低技能劳动者供给和需求不均衡，高技能劳动者的供给相对有限，而需求则相对较高；而对于中低技能劳动者而言，供给相对充裕，需求则相对不足。故而造成特大城市和大城市的劳动力配置扭曲，使特大城市和大城市生产性服务业与制造业协同集聚进一步恶化本地区的劳动力错配。而对于中等城市和小城市而言，受制于经济发展水平和产业结构，对高技能劳动者的需求不多，而对中低技能劳动者的需求则较高，这正好与中等城市和小城市劳动者所具备的技能水平相适应，所以，中等城市和小城市的生产性服务业与制造业协同集聚可以起到改善本地区劳动力错配的作用。

四 分行业检验

生产性服务业由于其知识和技术密集的特性，内部细分行业之间存在较大的异质性，从而使得不同的生产性服务业内部细分行业的集聚水平和特征也表现出显著的差异，这也进一步造成了生产性服务业内部各细分行业与制造业的协同集聚水平和特征也存在明显的不同，那么，生产性服务业内部各细分行业与制造业的协同集聚对资本错配和劳动力错配的影响作用如何，是否会存在差异？为了回答上述问题，接下来本章根据生产性服务业各细分行业知识和技术含量的不同，将它们分为高端生产性服务业和低端生产性服务业。其中，高端生产性服务业包括信息传输、计算机服务和软件业，金融业，租赁和商务服务业，科学研究、技术服务和地质勘查业。低端生产性服务业包括交通运输、仓储和邮政业。从而进一步构造高端生产性服务业与制造业协同集聚，低端生产性服务业与制造业协同集聚，考察不同知识和技术含量的生产性服务业与制造业集聚对资本错配和劳动力错配的影响。

从对资本错配影响的估计结果（见表6-5）看，高端生产性服务业与制造业协同集聚对资本错配影响的估计系数为负，且在1%的统计水平下显著，高端生产性服务业与制造业协同集聚可以有效地缓解资本错配。低端生产性服务业与制造业协同集聚对资本错配影响的估计系数为负，但不显著，也就是说，低端生产性服务业与制造业协同集聚虽然可以起到缓解资本错配的作用，但这种作用还不显著。究其原因，高端生产性服务业知识和技术含量高，技术溢出效应强，其与制造业的协同集聚也呈现高技术溢出性特征，从而有利于促进资本在部门和行业之间的自由流动和高效率配置，而对于低端生产性服务业与制造业协同集聚而言，其知识和技术含量相对较低，技术溢出效应也不强，对资本错配虽然起到了改善作用，但这种作用还不显著，有待于进一步提高。

表6-5　生产性服务业与制造业协同集聚对资源错配改善的影响：分行业

变量	被解释变量｜kmis｜ 高端生产性服务业与制造业协同集聚	被解释变量｜kmis｜ 低端生产性服务业与制造业协同集聚	被解释变量｜lmis｜ 高端生产性服务业与制造业协同集聚	被解释变量｜lmis｜ 低端生产性服务业与制造业协同集聚
$coagg$	-0.0712*** (-4.69)	-0.0219 (-0.73)	0.0794*** (2.69)	-0.4842*** (-9.84)
fd	0.0089 (1.26)	0.0205*** (2.63)	0.0212 (1.59)	0.0273*** (2.89)
$lnhc$	-0.0388*** (-5.00)	-0.0457*** (-5.70)	-0.0517*** (-5.07)	-0.0744*** (-4.56)
$lnwage$	0.0691*** (7.33)	0.0601*** (6.91)	0.0414*** (3.15)	-0.0074 (-0.52)
gov	0.0087*** (3.83)	0.0097*** (3.98)	0.0172*** (4.93)	0.0199*** (4.84)
$structure$	0.0052*** (10.44)	0.0054*** (8.39)	0.0004 (0.64)	0.0005 (0.58)
fdi	0.1635*** (8.78)	0.1589*** (8.30)	-0.0323 (-1.17)	-0.0399 (-1.41)

续表

变量	被解释变量|kmis| 高端生产性服务业与制造业协同集聚	被解释变量|kmis| 低端生产性服务业与制造业协同集聚	被解释变量|lmis| 高端生产性服务业与制造业协同集聚	被解释变量|lmis| 低端生产性服务业与制造业协同集聚
$\ln tc$	-0.0157** (-2.42)	-0.0096 (-1.37)	-0.0014 (-0.17)	-0.0008* (-1.87)
$\|kmis\|_{t-1}$	0.8458*** (9.62)	0.8408*** (6.58)		
$\|kmis\|_{t-2}$	0.0197*** (2.65)	0.0189*** (2.69)		
$\|lmis\|_{t-1}$			0.8825*** (12.67)	0.8383*** (23.67)
$\|lmis\|_{t-2}$			0.1381*** (29.01)	0.1207*** (17.00)
$\|lmis\|_{t-3}$			0.1024*** (18.06)	0.1135*** (6.59)
年份固定	Y	Y	Y	Y
城市固定	Y	Y	Y	Y
AR（1）	0.0000	0.0000	0.0003	0.0002
AR（2）	0.1041	0.1940	0.8111	0.6997
Sargan	0.8237	0.5085	0.2091	0.3928
N	3093	3093	2815	2815

从对劳动力错配影响的估计结果看，高端生产性服务业与制造业协同集聚对劳动力错配影响的估计系数为正，且在1%的统计水平下显著，这表明高端生产性服务业与制造业协同集聚会恶化劳动力错配，不利于劳动力错配的改善。而低端生产性服务业与制造业协同集聚对劳动力错配影响的估计系数为负，且在1%的统计水平下显著，这意味着低端生产性服务业与制造业协同集聚会缓解劳动力错配，有利于劳动力错配的改善。产生上述估计结果的原因是，中国

劳动力市场存在固有的结构性矛盾，高技术工人供给相对较少，而需求较大，低技术工人供给充裕，而需求有限。高端生产性服务业与制造业的协同集聚进一步加剧和恶化了劳动力市场的这种结构性矛盾，从而不利于劳动力错配的改善。而低端生产性服务业与制造业的协同集聚则在一定程度上缓解和改善了劳动力市场的这种结构性矛盾，从而有利于改善劳动力错配。

第四节　结论与政策建议

随着信息技术的不断深化和快速推进，产业之间的界限变得越来越模糊，产业融合发展的态势也越来越明显，而作为生产中间投入产品和服务的生产性服务业与制造业之间的融合发展成为各界关注的焦点。尤其是在产业集聚在促进产业结构优化升级和经济可持续发展方面的作用逐渐凸显的大背景下，生产性服务业与制造业协同集聚在资源配置效率提高和经济高质量发展中的重要推动作用成为当下学界、商界和政界关注的重点。那么，首先需要面对的问题是中国生产性服务业与制造业协同集聚水平是如何测度的？生产性服务业与制造业的协同集聚水平如何？"两业"协同集聚会对中国的资本错配和劳动力错配产生怎样的影响？

为此，本书在已有研究文献的基础之上，借鉴江曼琦和席强敏（2014）、陈建军等（2016）的研究成果，构建了基于地级及以上城市层面的中国生产性服务业与制造业协同集聚的测度指标，在梳理生产性服务业与制造业协同集聚影响资源错配的研究假设基础之上，以2005~2018年中国286个地级及以上城市层面的数据为研究样本，从总体、分地区、分城市规模和分行业四个视角实证检验了生产性服务业与制造业协同集聚对中国资本错配和劳动力错配的影响,研究结果如下。

第一,从总体估计结果看,生产性服务业与制造业协同集聚可以有效地改善中国整体的资本错配与劳动力错配,且资源错配存在显著的路径依赖,过去的资源错配会影响到当期的资源错配,劳动力错配的路径依赖时间要明显大于资本错配的路径依赖时间。

第二,从分地区估计结果看,各地区生产性服务业与制造业协同集聚对资源错配的影响呈现明显的地区差异。具体而言,东部地区生产性服务业与制造业协同集聚在改善资本错配的同时却恶化了劳动力错配;中部地区生产性服务业与制造业协同集聚既能改善资本错配又能改善劳动力错配;西部地区生产性服务业与制造业协同集聚可以同时缓解资本错配和劳动力错配;东北地区生产性服务业与制造业协同集聚对资本错配和劳动力错配的估计系数虽然为负,但不满足统计意义上的显著性,生产性服务业与制造业协同集聚对东北地区的资源错配改善效果还不明显。

第三,从分城市规模的估计结果看,特大城市和大城市生产性服务业与制造业协同集聚可以有效地改善资本错配,但对劳动力错配产生了不利的影响;中等城市生产性服务业与制造业协同集聚可以有效地缓解资本错配和劳动力错配;而对小城市而言,生产性服务业与制造业协同集聚可以改善劳动力错配,但对资本错配的改善效果不明显。

第四,从分行业估计结果看,高端生产性服务业与制造业协同集聚在改善资本错配的同时却恶化了劳动力错配;低端生产性服务业与制造业协同集聚可以起到改善资本错配的作用,但这种作用效果还不明显,而低端生产性服务业与制造业协同集聚可以有效缓解劳动力错配。

基于以上研究结论，可以得出如下政策启示。

第一，各地区应该加快推进生产性服务业与制造业的协同集聚发展。研究认为生产性服务业与制造业协同集聚可以改善资本错配和劳动力错配，各地区应以"两业"融合发展为抓手，充分利用数字经济和新经济的发展红利，推动制造业服务化和服务业制造化深度发展，充分利用生产性服务业的"黏合剂"功能，将知识资本和人力资本导入产品的生产过程中，改善资本和劳动力错配，推动本地区资源配置效率的提高。

第二，东部地区生产性服务业与制造业协同集聚水平较高，且产业协同集聚对本地区资本错配的改善效果也最强。为此，东部地区在利用生产性服务业与制造业协同集聚改善资本错配的同时，应着力提升生产性服务业与制造业协同集聚在改善劳动力错配中的作用，发挥劳动力成本优势和资源优势，完善跨区域合作劳动力平台，减少劳动力流动阻碍，依靠两业协同集聚引导劳动力从生产效率低的部门和行业流向生产效率高的部门和行业。另外，通过产业集聚的空间溢出效应，东部地区一方面可以提升劳动力的供给质量，另一方面可以提高劳动力需求和劳动力供给的匹配程度，通过优化劳动力市场结构，缓解劳动力错配。而对于中部和西部地区而言，生产性服务业与制造业的协同集聚程度相对较低，但其对资本和劳动力错配的改善效果明显。因此，可以通过不断提高中部和西部地区生产性服务业与制造业协同集聚水平，以协同集聚推动该地区金融业专业化分工和劳动力结构优化，从而缓解资源错配。对于东北地区而言，由于该地区重工业化程度较高，产业结构以重化工业为主，一二三产之间的发展结构不太合理。因此，在保持重化工业发展的同时，也应该着重提升本地区生产性服务业的发展水平，并在制造业集聚区的周围合理布局生产性服务业集聚区，通过生产性服务业与制造业的协同集聚，提升资本在不同产业、不同行业和不同产品之间的流动效率和使用效率，改善本地区的资本错配。同时，应该高度关注劳动力在重化工业配置过度所造成的错配和扭曲现象，通过提高本地区生产性服务业与制造业协同集聚发展水平，发挥其在劳动力结构优化与均衡发展方面的积极作用，缓解劳动力错配，提升劳动力市场中劳动力的配置效率。

第三，产业协同集聚高度依赖经济发展水平、市场化发展程度和营商环境的好坏。一般而言，特大城市和大城市的上述条件均较好，对先进制造业和现代服务业具有较大的吸引力。为此，高端生产性服务业和高端制造业大都集聚在特大城市和大城市。所以，在高端生产性服务业与制造业协同集聚的特大城市和大城市应该发挥协同集聚的劳动力结构优化作用，引导劳动力流向更需要他们的部门和行业，提高劳动力的配置效率。而对于低端生产性服务业与造业协同集聚的中等城市和小城市，应着力提升协同集聚对资本错配的改善作用，以协同集聚为抓手提高资本配置效率。

第七章 结论及政策建议

第一节 研究结论

在构建新发展格局推动经济高质量发展的背景下，如何缓解资源错配，提高资源配置效率成为当下中国亟待解决的问题之一。生产性服务业作为生产中间投入品的行业，可以将知识、资本和技术等生产要素导入生产过程中，并发挥其"黏合剂"的作用降低交易费用、生产费用和提高生产效率，在经济高质量发展中发挥着至关重要的作用。随着信息技术的快速发展，生产性服务业开始呈现显著的集聚特征，而生产性服务业所具有的知识和技术溢出性强的特性使其在空间上比制造业更容易形成产业集聚，并逐渐成为各个国家、地区和城市群促进经济发展的重要抓手。那么，中国生产性服务业的发展状况如何，集聚程度如何，呈现什么样的特征？中国生产性服务业集聚能否改善资源错配？这些是本书关注的重点问题。

为此，本书在已有研究文献基础上，尝试从生产性服务业集聚、生产性服务业不同集聚模式、生产性服务业与制造业协同集聚三个视角分析生产性服务业集聚影响资源错配改善的机制机理，并基于中国2005~2018年286个地级及以上城市的城市面板数据，采用系统GMM方法，实证检验了生产性服务业集聚对资源错配改善的作用效果。

本书的主要结论有以下几点。

第一，生产性服务业集聚能显著改善中国整体的资本错配和劳动力错配。从分地区看，东部地区生产性服务业集聚有利于资本和劳动力错配改善。中部地区生产性服务业集聚可以缓解资本错配，但对劳动力错配的改善效果不明显。西部地区生产性服务业集聚在改善资本错配的同时会恶化劳动力错配。东北地区生产性服务业集聚对资本错配的正向作用不显著，但会加剧劳动力错配。从不同知识和技术含量行业看，高端生产性服务业集聚能有效缓解资本错配和劳动力错配，而低端生产性服务业集聚在改善资本错配的同时会恶化劳动力错配。从不同城市规模看，特大城市和大城市的生产性服务业集聚可以改善资源错配。中等城市和小城市的生产性服务业集聚能改善资本错配，但会加剧劳动力错配。

第二，生产性服务业专业化集聚和多样化集聚均能有效改善中国整体的资本和劳动力错配，且专业化集聚比多样化集聚更能提升中国的资源配置效率。劳动力错配和资本错配都存在"路径依赖"，劳动力错配的"路径依赖"时间要比资本错配更长。同时，生产性服务业专业化集聚和多样化集聚对资源错配的影响受到地区异质性、行业结构和城市规模的限制。东部地区的生产性服务业专业化集聚和多样化集聚均能改善该地区的资本和劳动力错配；中部地区的生产性服务业专业化集聚能改善本地区的资本和劳动力错配，而多样化集聚仅能改善资本错配，对劳动力错配的改善效果不明显；西部地区生产性服务业专业化集聚能改善资本和劳动力错配，但多样化集聚无论是对资本错配还是对劳动力错配都未起到改善作用；东北地区的生产性服务业专业化集聚可以缓解资本错配，但会恶化劳动力错配，而多样化集聚对资本错配和劳动力错配的影响都不显著。高端生产性服务业集聚的特大城市和大城市专业化集聚和多样化集聚均有利于资本和劳动力错配的改善，而低端生产性服务业集聚的中等城市和小城市专业化集聚对资本和劳动力的错配起到改善作用，而多样化集聚的资本和劳动力错配改善效果不明显。

第三，生产性服务业与制造业协同集聚可以有效改善中国整体的资本错配与劳动力错配，且资源错配存在显著的路径依赖，过去的资源错配会影响到当期的资源错配水平，劳动力错配的路径依赖时间要明显大于资本错配的路径依赖时间。从分地区估计结果看，东部地区生产性服务业与制造业协同集聚在改善资本错配的同时却恶化了劳动力错配；中部地区生产性服务业与制造业协同集聚既能改善资本错配又能改善劳动力错配；西部地区生产性服务业与制造业协同集聚可以同时缓解资本错配和劳动力错配；东北地区生产性服务业与制造业协同集聚对资本错配和劳动力错配的改善效果均不明显。从分城市规模的估计结果看，特大城市和大城市生产性服务业与制造业协同集聚可以有效改善资本错配，但对劳动力错配产生了不利的影响；中等城市生产性服务业与制造业协同集聚可以有效缓解资本错配和劳动力错配；而对小城市而言，生产性服务业与制造业协同集聚可以改善劳动力错配，但对资本错配的改善效果不明显。从分行业估计结果看，高端生产性服务业与制造业协同集聚在改善资本错配的同时却恶化了劳动力错配；低端生产性服务业与制造业协同集聚可以起到改善资本错配的作用，但这种作用效果还不明显，而低端生产性服务业与制造业协同集聚可以有效缓解劳动力错配。

第二节 政策建议

基于本书的研究结论，提出如下改善资源错配、提升资源配置效率的政策建议。

第一，以生产性服务业集聚为主要抓手改善资源错配。各地区应该依据自身要素禀赋、区位优势和产业结构特征，适度提升本地区生产性服务业集聚水平，以市场化需求为导向，出台更为精准和有效的产业政策，鼓励生产性服务业加快形成集聚，以生产性服务业集聚所产生的知识和技术溢出效应提升金融业专业化分工水平和优化劳动力市场结构，从而改善资本错配和劳动力错配。具体而言，首先，应该继续深化供给侧结构性改革，以生产性服务业集聚为着力点，通过市场化手段提高金融业专业化分工水平，优化劳动力供给结构，提高资本和劳动力配置效率。其次，东部地区生产性服务业集聚程度较高，应进一步推动改革开放，深化专业化分工，提高资源配置效率，提高企业在全球价值链中的地位，努力向微笑曲线两端攀升；中部和西部地区应以东部沿海发达城市产业转移为契机，依靠区位优势和资源优势，提高生产性服务业集聚水平，缓解资本和劳动力错配；东北地区在保持重工业产业优化的同时，应进一步强化生产性服务业集聚，充分发挥生产性服务业"黏合剂"和"润滑剂"作用，带动资本和劳动力流向效率高的部门，提升资源配置效率。最后，特大城市和大城市应该着重发展高端生产性服务业集聚，提升产品技术含量，并通过高端生产性服务业集聚的溢出效应推动上下游企业资源配置的优化和升级，从而提升本地区的全要素生产率；中等城市和小城市应以低端生产性服务业集聚为切入点，通过提升专业化分工，降低资本市场和劳动力市场摩擦，提高资源配置效率。

第二，生产性服务业不同集聚模式对资源错配的改善效果存在显著的差异，生产性服务业专业化集聚更加注重企业的专业分工和专业化能力，而生产性服务业多样化集聚则更加关注企业的上下游和多部门联合生产能力，生产性服务业专业化集聚和多样化集聚均可以改善资源错配。为此，各地区应该出台相关措施鼓励生产性服务业专业化集聚和多样化集聚共同发展。对于生产性服务业专业化集聚较弱的地区，应该在保持生产性服务业多样化集聚发展的基础之上，适度鼓励生产性服务业专业化集聚的快速发展。对于生产性服务业多样化集聚发展不足的地区，应该在保持生产性服务业专业化集聚发展的基础之上，关注和促进生产性服务业多样化集聚的发展。具体而言，在区域中心城市和国际大都市形成高端生产性服务业多样化集聚，通过多样化集聚孵化出新观念、新思想、新产品和新营销手段，并通过"范围经济"、"孵化型配置"和"市场区"改善本地区的资源错配，提升资源配置效率。在中等城市和小城市形成中低端生产性服务业的专业化集聚，并与周边地区在分工及产业链上形成优势互补的产业新格局。以生产性服务业专业化集聚和多样化集聚协同发展为着力点，改善资源错配。

第三，在制造业服务化、服务业制造化深度发展的今天，生产性服务业与制造业两业协同发展成为经济高质量发展的重要推动力量。因此，促进生产性服务业与制造业协同集聚成为产业集聚促进资源优化配置和提高全要素生产率的重要举措。各地区在关注生产性服务业集聚和制造业集聚的同时，应该更加注重如何促进生产性服务业与制造业协同集聚，以生产性服务业与制造业协同集聚为主要抓手和着力点形成产业互动，并以此为契机，通过"两业"协同发展的手段减少资本要素和劳动力要素的流动障碍,提高资本市场和劳动力市场的一体化程度,从而引导资本和劳动力等生产要素合理流动,改善资本和劳动力错配。另外,对于不同的区域应该采用不同的产业协同发展政策。具体而言,对于东部地区来说,东部地区产业集聚水平较高,产业融合发展和协同发展基础较好,因此,需要进一步大力推进该地区生产性服务业与制造业协同集聚,以"两业"协同发展推动专业化分工向纵深演进,并促使该地区形成一个统一的、可自由流动的劳动力市场,从而改善该地区的资源错配,提高资源配置效率。中部地区和西部地区正处于工业化和城镇化的关键时期,产业集聚水平还有待于进一步提高,尤其是生产性服务业的集聚水平还不高,"两业"协同发展在改善本地区资源错配方面的作用效果相对有限。因此,中部和西部地区应该继续强化和完善制造业集聚,发挥劳动力成本优势和资源优势,完善跨区域劳动力流动合作平台,减少劳动力流动障碍,从而改善本地区的资源错配。

参考文献

白东北,张营营.产业协同集聚与制造业企业出口国内附加值率[J].财贸研究,2020,(4):18-35.

白俊红,刘宇英.对外直接投资能否改善中国的资源错配[J].中国工业经济,2018,(1):60-78.

柏培文.中国劳动要素配置扭曲程度的测量[J].中国工业经济,2012,(10):19-31.

蔡海亚,徐盈之.产业协同集聚、贸易开放与雾霾污染[J].中国人口·资源与环境,2018,(6):93-102.

蔡海亚,徐盈之,赵永亮.产业协同集聚、制造业效率与雾霾污染[J].中国地质大学学报(社会科学版),2020,(2):60-73.

陈斌开,金箫,欧阳涤非.住房价格、资源错配与中国工业企业生产率[J].世界经济,2015,(4):77-98.

陈国亮,陈建军.产业关联、空间地理与二三产业共同集聚——来自中国212个城市的经验考察[J].管理世界,2012,(4):82-100.

陈建军,刘月,邹苗苗.产业协同集聚下的城市生产效率增进——基于融合创新与发展动力转换背景[J].浙江大学学报(人文社会科学版),2016,(3):150-163.

陈蕊.生产性服务业集聚能提高城市全要素生产率吗?——基于行业、

区域和城市异质性的视角［J］.经济论坛,2021,(6):19-31.

陈诗一,陈登科.中国资源配置效率动态演化——纳入能源要素的新视角［J］.中国社会科学,2017,(4):67-83.

陈诗一,刘朝良,冯博.资本配置效率、城市规模分布与福利分析［J］.经济研究,2019,(2):133-147.

陈永伟,胡伟民.价格扭曲、要素错配和效率损失:理论和应用［J］.经济学(季刊),2011,(4):1401-1422.

陈永伟.资源错配:问题、成因和对策［D］.北京大学博士论文,2013.

陈子真,雷振丹,李晶仪.生产性服务业与制造业协同集聚、空间溢出与区域创新［J］.商业研究,2019,(5):52-60.

程中华,李廉水,刘军.生产性服务业集聚对工业效率提升的空间外溢效应［J］.科学学研究,2017,(3):364-371+378.

崔书会,李光勤,豆建民.产业协同集聚的资源错配效应研究［J］.统计研究,2019,(2):76-87.

单豪杰.中国资本存量K的再估算:1952~2006年［J］.数量经济技术经济研究,2008,(10):17-31.

邓琰如,秦广科.生产性服务业集聚、空间溢出效应对经济高质量发展的影响［J］.商业经济研究,2020,(3):161-164.

丁焕峰,孙小哲,王露.制造业与生产性服务业协同集聚能否提升城市专利质量［J］.审计与经济研究,2021,(6):105-115.

豆建民,刘叶.生产性服务业与制造业协同集聚是否能促进经济增长——基于中国285个地级市的面板数据［J］.现代财经(天津财经大学学报),2016,(4):92-102.

盖庆恩,朱喜,程名望.要素市场扭曲、垄断势力与全要素生产率［J］.经济研究,2015,(5):61-75.

高康,原毅军. 生产性服务业空间集聚如何推动制造业升级? [J]. 经济评论, 2020, (4): 20-36.

耿伟,廖显春. 贸易自由化、市场化改革与企业间资源配置——基于生产率分布离散度的视角 [J]. 国际贸易问题, 2017, (4): 166-176.

龚关,胡关亮. 中国制造业资源配置效率与全要素生产率 [J]. 经济研究, 2013, (4): 4-15+29.

韩峰,洪联英,文映. 生产性服务业集聚推进城市化了吗? [J]. 数量经济技术经济研究, 2014, (12): 3-21.

韩峰,阳立高. 生产性服务业集聚如何影响制造业结构升级?——一个集聚经济与熊彼特内生增长理论的综合框架 [J]. 管理世界, 2020, (2): 72-94.

韩剑,郑秋玲. 政府干预如何导致地区资源错配——基于行业内和行业间错配的分解 [J]. 中国工业经济, 2014, (11): 69-81.

胡绪华,陈默,罗雨森,陈业昕. 制造业与生产性服务业耦合协调、空间共聚与绿色创新效应研究 [J]. 统计与信息论坛, 2021, (7): 97-112.

黄繁华,郭卫军. 空间溢出视角下的生产性服务业集聚与长三角城市群经济增长效率 [J]. 统计研究, 2020, (7): 66-79.

黄娟,汪明进. 制造业、生产性服务业共同集聚与污染排放——基于285个城市面板数据的实证分析 [J]. 中国流通经济, 2017, (8): 116-128.

黄斯婕,张萃. 生产性服务业集聚对城市生产率的影响——基于行业异质性视角 [J]. 城市发展研究, 2016, 23 (3): 118-124.

吉亚辉,梁雅楠,张虎. 生产性服务业和制造业协调集聚对生态效应的影响——基于西北五省区动态SDM和面板门限模型的实证检验［J］．重庆社会科学，2021，（9）：91－110．

纪祥裕，顾乃华．生产性服务业与制造业协同集聚具有创新驱动效应吗［J］．山西财经大学学报，2020，（7）：57－70．

季书涵，朱英明．产业集聚的资源错配效应研究［J］．数量经济技术经济研究，2017，（4）：57－73．

季书涵，朱英明．产业集聚、环境污染与资源错配研究［J］．经济学家，2019，（6）：33－43．

季书涵，朱英明，张鑫．产业集聚对资源错配的改善效果研究［J］．中国工业经济，2016，（6）：73－90．

简泽．市场扭曲、跨企业的资源配置与制造业部门的生产率［J］．中国工业经济，2011，（1）：58－68．

江静，刘志彪，于明超．生产者服务业发展与制造业效率提升：基于地区和行业面板数据的经验分析［J］．世界经济，2007，（8）：52－62．

江曼琦，席强敏．生产性服务业与制造业的产业关联与协同集聚［J］．南开学报（哲学社会科学版），2014，（1）：153－160．

江艇，孙鲲鹏，聂辉华．城市级别、全要素生产率和资源错配［J］．管理世界，2018，（3）：38－50．

蒋为．增值税扭曲、生产率分布与资源误置［J］．世界经济，2016，39（5）：54－77．

金浩，刘肖．产业协同集聚、技术创新与经济增长——一个中介效应模型［J］．科技进步与对策，2021，（11）：46－53．

靳来群，林金忠，丁诗诗．行政垄断对所有制差异所致资源错配的影响［J］．中国工业经济，2015，（4）：31－43．

来有为．生产性服务业的发展趋势和中国的战略抉择［M］．北京：中国发展出版社，2010．

郎昆，刘庆. 资源错配的来源、趋势与分解 [J]. 经济学报，2021，8（2）：1-25.

李斌，杨冉. 生产性服务业集聚与城市绩效 [J]. 产业经济研究，2020，(1)：128-142.

李静，彭飞，毛德凤. 资源错配与中国工业企业全要素生产率 [J]. 财贸研究，2012，(5)：46-53.

李力行，黄佩媛，马光荣. 土地资源错配与中国工业企业生产率差异 [J]. 管理世界，2016，(8)：86-96.

李晓萍，李平，吕大国，江飞涛. 经济集聚、选择效应与企业生产率 [J]. 管理世界，2015，(4)：25-37.

李晓阳，代柳阳，牟士群，鄢晓凤. 生产性服务业集聚与制造业绿色转型升级——信息通信技术的调节作用 [J]. 西南大学学报（社会科学版），2022，(1)：83-96.

李欣泽，司海平. 中国资源错配与经济效率损失：趋势与分解 [J]. 当代经济科学，2019，(6)：1-12.

梁琦. 空间经济：集聚、贸易与产业地理 [M]. 北京：科学出版社，2014.

刘贯春，陈登科，丰超. 最低工资标准的资源错配效应及其作用机制分析 [J]. 中国工业经济，2017，(7)：62-80.

刘军，曹雅茹，吴昊天. 产业协同集聚对区域绿色创新的影响 [J]. 中国科技论坛，2020，(4)：42-50.

刘军，徐康宁. 产业集聚、经济增长与地区差异 [J]. 中国软科学，2010，(7)：91-102.

刘胜，陈秀英. 生产性服务业与制造业协同集聚对全球价值链分工地位的影响——基于中国工业企业数据和贸易上游度视角 [J]. 当代经济管理，2020，(11)：17-23.

刘书瀚，于化龙. 城市群生产性服务业集聚对经济增长的空间溢出效应——基于长三角、珠三角和京津冀城市群的比较分析［J］. 预测，2020，(4)：83-89.

刘湘丽. 外商投资对软饮料行业资源配置效率的影响［J］. 管理世界，2000，(3)：64-70.

刘叶，刘伯凡. 生产性服务业与制造业协同集聚对制造业效率的影响——基于中国城市群面板数据的实证研究［J］. 经济管理，2016，(6)：16-28.

刘奕，夏杰长，李垚. 生产性服务业集聚与制造业升级［J］. 中国工业经济，2017，(7)：24-42.

刘志彪. 发展现代生产性服务业与调整优化制造业结构［J］. 南京大学学报（哲学·人文科学·社会科学），2006，43（5）：36-44.

刘志彪. 全球化背景下中国制造业升级的路径与品牌战略［J］. 财经问题研究，2005，(5)：25-31.

陆凤芝，杨浩昌. 产业协同集聚与环境污染治理：助力还是阻力［J］. 广东财经大学学报，2020，(1)：16-29.

罗超平，朱培伟，张璨璨，陈雯. 生产性服务业集聚促进了城市绿色创新吗——基于"本地-邻地"效应的视角［J］. 西南大学学报（社会科学版），2022，(1)：97-112.

毛军. 产业集聚与人力资本积累——以珠三角、长三角为例［J］. 北京师范大学学报（社会科学版），2006，(6)：103-110.

孟望生，邵芳琴. 产业协同集聚对绿色经济增长效率的影响——基于生产性服务业与制造业之间要素层面协同集聚的实证分析［J］. 南京财经大学学报，2021，(4)：75-85.

孟卫军，林刚，刘名武. 科技服务业与高技术制造业协同集聚对创新效率的影响［J］. 西部论坛，2021，(3)：82-96.

苗建军，郭红娇. 产业协同集聚对环境污染的影响机制——基于长三角城市群面板数据的实证研究［J］. 管理现代化，2019，(3)：70-76.

聂辉华，贾瑞雪. 中国制造业企业生产率与资源误置［J］. 世界经济，2011，(7)：27-42.

钱学锋，潘莹，毛海涛. 出口退税、企业成本加成与资源误置［J］. 世界经济，2015，(8)：80-106.

盛丰. 生产性服务业集聚与制造业升级：机制与经验［J］. 产业经济研究，2014，(2)：32-39.

史晋川. 经济学理论的反思与创新［J］. 博览群书，2012，(12)：58-61.

宋马林，金培振. 地方保护、资源错配与环境福利绩效［J］. 经济研究，2016，(12)：47-61.

孙浦阳，彭伟瑶. 外商直接投资、资源配置与生产率提升［J］. 中南财经政法大学学报，2014，(6)：131-139.

汤长安，邱佳炜，张丽家，李红燕. 要素流动、产业协同集聚对区域经济增长影响的空间计量分析——以制造业与生产性服务业为例［J］. 经济地理，2021，(7)：146-154.

王林辉，袁礼. 资本错配会诱发全要素生产率损失吗［J］. 统计研究，2014，(8)：11-18.

王明益. 资本集聚对经济增长非线性影响研究［J］. 产业经济研究，2012，(6)：68-76.

王帅，吴传琦. 生产性服务业集聚与城市经济增长关系研究——基于35个大中城市的实证分析［J］. 技术经济与管理研究，2019，(12)：125-130.

王燕，孙超. 产业协同集聚对绿色全要素生产率的影响研究——基于高新技术产业与生产性服务业协同的视角 [J]. 经济纵横, 2020, (3): 67-77.

温婷. 生产性服务业集聚、空间溢出与区域经济增长——基于全国 281 个地级城市的实证检验 [J]. 经济问题探索, 2020, (6): 132-142.

文丰安. 生产性服务业集聚、空间溢出与质量型经济增长——基于中国 285 个城市的实证研究 [J]. 产业经济研究, 2018, (6): 40-53.

席强敏, 陈曦, 李国平. 中国城市生产性服务业模式选择研究——以工业效率提升为导向 [J]. 中国工业经济, 2015, (2): 18-30.

邢会, 谷江宁, 张金慧. 两业协同集聚对城市制造业效率全要素生产率的影响——基于禀赋差异视角 [J]. 华东经济管理, 2021, (12): 72-79.

徐从才, 丁宁. 服务业与制造业互动发展的价值链创新及其绩效——基于大型零售商纵向约束与供应链流程再造的分析 [J]. 管理世界, 2008, (8): 77-86.

宣烨. 生产性服务业空间集聚与制造业效率提升 [J]. 财贸经济, 2012, (4): 121-128.

鄢萍. 资本误配置的影响因素初探 [J]. 经济学 (季刊), 2012, (2): 489-520.

杨校美, 肖红叶. 双向直接投资协同发展对中国资源错配的影响 [J]. 商业经济与管理, 2020, (7): 86-101.

杨振, 陈甬军. 中国制造业资源误置及福利损失测度 [J]. 经济研究, 2013, (3): 43-55.

姚战琪. 产业协同集聚、区域创新与经济发展: 基于有调节的中介效应视角的分析 [J]. 学术探索, 2020, (4): 127-137.

于斌斌. 产业结构调整与生产率提升的经济增长效应——基于中国城市动态空间面板模型的分析 [J]. 中国工业经济, 2015, (12): 83-98.

于斌斌, 金刚. 中国城市结构调整与模式选择的空间溢出效应 [J]. 中国工业经济, 2014, (2): 31-34。

于斌斌. 生产性服务业集聚能提高制造业生产率吗?——基于行业、地区和城市异质性视角的分析 [J]. 南开经济研究, 2017, (2): 112-132.

于斌斌. 生产性服务业集聚如何促进产业结构升级?——基于集聚外部性与城市规模约束的实证分析 [J]. 经济社会体制比较, 2019, (2): 30-43.

于斌斌. 生产性服务业集聚与能源效率提升 [J]. 统计研究, 2018, (4): 30-40。

余淼杰. "大变局"与中国经济"双循环"发展新格局 [J]. 上海对外经贸大学学报, 2020, (6): 19-28.

余奕杉, 高兴民, 卫平. 生产性服务业集聚对城市群经济高质量发展的影响——以长江经济带三大城市群为例 [J]. 城市问题, 2020, (7): 56-65.

喻胜华, 李丹, 祝树金. 生产性服务业集聚促进制造业价值链攀升了吗?——基于277个城市微观企业的经验证据 [J]. 国际贸易问题, 2020, (5): 57-71.

袁冬梅, 李恒辉. 生产性服务业集聚提高了中国城市经济效率吗?——基于产业层次和城市规模差异视角的检验 [J]. 厦门大学学报（哲学社会科学版）, 2021, (2): 125-136.

袁志刚, 解栋栋. 中国劳动力错配对TFP的影响分析 [J]. 经济研究, 2011, (7): 4-17.

原毅军,高康. 产业协同集聚、空间知识溢出与区域创新效率 [J]. 科学学研究,2020,(11):1966-1975.

曾艺,韩峰,刘俊峰. 生产性服务业集聚提升城市经济增长质量了吗?[J]. 数量经济技术经济研究,2019,(5):83-100.

张浩然. 生产性服务业集聚与城市经济绩效 [J]. 财经研究,2015,(5):67-77.

张虎,韩爱华,杨青龙. 中国制造业与生产性服务业协同集聚的空间效应分析 [J]. 数量经济技术经济研究,2017,(2):3-20.

张美文. 对发展我国现代服务业的探讨 [J]. 学术交流,2006,(8):129-132.

张明斗,王亚男. 制造业、生产性服务业协同集聚与城市经济效率——基于"本地-邻地"效应的视角 [J]. 山西财经大学学报,2021,(6):15-28.

张文武,徐嘉婕,欧习. 生产性服务业集聚与中国企业出口生存——考虑异质性和传导机制的分析 [J]. 统计研究,2020,(6):55-65.

张鑫. 制造业外迁倒逼城市经济转型 [N]. 中国社会科学报,2016-7-13(4).

张璇,王凯丽,司海涛. 僵尸企业、资源错配与企业全要素生产率——来自中国工业企业的经验证据 [J]. 财经问题研究,2019,(7):57-66.

赵奇伟,汤君. 市场分割状态下的外商直接投资与资本配置效率 [J]. 南大商学评论,2015,(4):1-17.

赵伟,古广东,何元庆. 外向FDI与中国技术进步:机理分析与尝试性实证 [J]. 管理世界,2006,(7):53-60.

周海波,胡汉辉,谢呈阳,戴萌. 地区资源错配与交通基础设施:来自中国的经验证据 [J]. 产业经济研究,2017,(1):100-113.

周明生,陈文翔. 生产性服务业与制造业协同集聚的增长效应研究——以长株潭城市群为例[J]. 现代经济探讨, 2018, (6): 69-78.

周明生,王帅. 产业集聚是导致区域环境污染的"凶手"吗?——来自京津冀地区的证据[J]. 经济体制改革, 2018, (5): 185-190.

Alonso-Villar, O., Chamorro-Rivas, J. How Do Producer Services Affect the Location of Manufacturing Firms? The Role of Information Accessibility [J]. Environment and Planning, 2001, 33 (9): 1621-1642.

Amaral, P. S., Quintin, E. Limited Enforcement, Financial Intermediation, and Economic Development: A Quantitative Assessment [J]. International Economic Review, 2010, 51 (3): 785-811.

Amin, A., Thrift, N. Globalization, Institution and Regional Development in Europe [M]. Oxford University Press, 1995.

Andersson, M. Co-Location of Manufacturing and Producer Services: A Simultaneous Equations Approach [M]. New York: Routledge, 2006: 110-140.

Aoki, S. A Simple Accounting Framework for the Effect of Resource Misallocation on Aggregate Productivity [J]. Journal of the Japanese and International Economics, 2012, 26 (4): 473-494.

Arrow, K. J. The Economic Implications of Learning by Doing [J]. Review of Economic Studies, 1962, 29 (3): 155-173.

Aslesen, H., Isaksen, A. Knowledge Intensive Business Services and Urban Industrial Development [J]. The Service Industries Journal, 2007, 27 (3): 21-338.

Banerjee, A., Duflo, E. Growth Theory Through the Lens of Development Economics [A]. Aghion, P., Durlauf, S. N. (eds), Handbook of Economic Growth [M]. Edited by, Amsterdam: Elsevier

Science, 2005.

Banerjee, A. , Moll, B. Why Does Misallocation Persist? [J]. American Economic Journal Macroeconomies, 2010, 2 (1): 189 – 206.

Bayson, J. R. Business Service Firms, Service Apace and the Management of Change [J]. Entrepreneurship and Regional Development, 1997, 9 (2): 93 – 111.

Beyers, W. B. Producer Services [J]. Progress in Human Geography, 1993, 16 (4): 573 – 583.

Black, D. , Henderson, V. Urban Evolution in the USA [J]. Journal of Economic Geography, 2003, 3 (4): 343 – 372.

Blundell, R. , Bond, S. GMM Estimation with Persistent Panel Data: An Application to Production Function [J]. Economic Reviews, 1999, 19 (3): 321 – 340.

Bosker, M. Growth, Agglomeration and Convergence: A Space-Time Analysis for European Regions [J]. Spatial Economic Analysis, Taylor and Francis Journals, 2007, 2 (1): 91 – 100.

Brandt, L. , Tombe, T. , Zhu, X. D. Factor Market Distortions Across Time, Space and Sectors in China [J]. Review of Economic Dynamics, 2013, 16 (1): 39 – 58.

Browning, C. , Singelman, J. The Emergence of a Service Society [M]. Springfield, 1975

Buera, F. J. , Kaboski, J. P. , Shin, Y. Finance and Development: A Tale of Two Sectors [J]. The American Economic Review, 2011, 101 (5): 1964 – 2002.

Buera, F. J. , Shin, Y. Financial Frictions and the Persistence of History: A Quantitative Exploration [J]. Journal of Political Economy, 2013,

121 (2): 221 - 272.

Caballero, R., Hoshi, T., Kashyap, A. Zombie Lending and Depressed Restructuring in Japan [J]. American Economic Review, 2008, (5): 1943 - 1977.

Carlos, N. A Panel Data Modeling of Agglomeration and Growth: Cross-Country Evidence [J]. Theoretical and Empirical Research in Urban Management, 2013, 8 (1): 67 - 77.

Caselli, F., Gennaioli, N. Dynastic Management [J]. Economic Inquiry, Western Economic Association International, 2013, 51 (1): 971 - 996.

Chen, Y., Henderson, J. V., Cai, W. Political Favoritism in China's Capital Markets and Its Effect on City Sizes [J]. Journal of Urban Economics, 2017, (98): 69 - 87.

Daniels, P. W. Services Industries: A Geographical Appraisal [M]. Methuen London, 1985: 121 - 135.

David, J., Hopenhayn, H., Venkateswaran, V. Information, Misallocation and Aggregate Productivity [R]. NBER Working Paper, 2014.

D'Erasmo, P. N., Boedo, H. J. M. Financial Structure, Informality and Development [J]. Journal of Monetary Economics, 2012, 59 (3): 286 - 302.

Dollar, D., Wei, S. J. Das (Wasted) Kapital: Firm Ownership and Investment Efficiency in China [R]. IMF Working Paper, 2007.

Duranton, G., Puga, D. Diversity and Specialisation in Cities: Why, Where and When Does It Matter? [J]. Urban Studies, 2000, 37 (3): 533 - 555.

Duranton, G., Puga, D. Nursery Cities: Urban Diversity, Process Innovation, and the Life Cycle of Products [J]. The American Economic Review, 2001, 91 (5): 1454 - 1477.

Ellison, G., Glaeser, E. L., Kerr, W. R. What Causes Industry Agglomeration? Evidence from Coagglomeration Patterns [J]. American Economic Review, 2010, 100 (3): 1195 - 1213.

Epifani, P., Gancia, G. Trade, Markup Heterogeneity and Misallocations [J]. Journal of International Economics, 2011, 83 (1): 1 - 13.

Eswaran, M., Kotwal, D. Why Are Capitalists the Bosses? [J]. The Economic Journal, 1989, 99 (3): 162 - 176.

Frenken, K., Boschma, R. A. A Theoretical Framework for Evolutionary Economic Geography: Industrial Dynamics and Urban Growth as a Branching Process [J]. Journal of Economic Geography, 2007, 7 (5): 635 - 649.

Frick, S., Rodriguez-Pose, A. Change in Urban Concentration and Economic Growth [J]. World Development, 2018, 105 (C): 156 - 170.

Fuchs, W., Green, B., Papanikolaou, D. Adverse Selection, Slow-Moving Capital, and Misallocation [J]. 2016, 120 (2): 286 - 308.

Gabe, T., Abel, J. R. Agglomeration of Knowledge [J]. Urban Studies, 2011, 48 (7): 1353 - 1371.

Gaulier, G., Lemoine, F., ünal-Kesenci, D. China's Integration in East Asia: Production Sharing, FDI and High-Tech Trade [J]. Economic Change and Restructuring, 2007, 40 (12): 27 - 63.

Glaeser, E., Scheinkinan, J., Shieifer, A. Growth of Cities [J]. Journal of Political Economy, 1992, 100 (6): 1126 - 1152.

Greenfield, H. I. Manpower and the Growth of Producer Services [M]. New York: Columbia, U, Press, 1966: 15 - 18

Greenwood, J. , Sanchez, J. , Wang, C. Quantifying the Impact of Financial Development on Economic Development [R]. Federal Reserve Bank of Richmond Working Paper, 2010.

Grubel, H. G. , Walker, M. A. Modern Service Sector Growth: Causes and Effects [M]. Montreal: Fraser Institute, 1989.

Guner, N. , Ventura, G. , Xu, Y. Macroeconomic Implications of Size-Dependent Policies [J]. Review of Economic Dynamics, 2008, 11 (4): 721 - 744.

Hall, R. E. , Jones, C. R. Why Do Some Countries Produce So Much More Output Per Worker than Others? [R]. No. W6564. National Bureau of Economic Research, 1999.

Hayashi, F. , Prescott, E. The Depressing Effect of Agricultural Institutions on the Prewar Japanese Economy [J]. Journal of Political Economy, 2008, 116 (4): 573 - 632.

Helsley, R. , Strange, W. Evidence on the Nature and Sources of Agglomeration Economies [J]. Handbook of Regional and Urban Economics, 2004, (4): 2119 - 2171.

Henderson, V. Externalities and Industrial Development [J]. Journal of Urban Economics, 1997, 42 (3): 449 - 470.

Henderson, V. Peak Shifting and Cost-Benefit Miscalculations [J]. Regional Science and Urban Economics, 1992, 22 (1): 103 - 121.

Hopenhayn, H. Entry, Exit, and Firm Dynamics in Long Run Equilibrium [J]. Econometrica, 1992, 60 (5): 1127 - 50.

Hopenhayn, H. , Rogerson, R. Job Turnover and Policy Evaluation: A General Equilibrium Analysis [J]. Journal of Political Economy, 1993, 101 (5): 915 - 38.

Howells, J., Green, A. Location, Technology and Industrial Organization in UK Services [J]. Progress in Planning, 1986, 26 (2): 83 – 184.

Howitt, P. Endogenous Growth and Cross-Country Income Differences [J]. American Economic Review, 2000, 92 (4): 829 – 846.

Hsieh, C. T., Klenow, P. J. Misallocation and Manufacturing TFP in China and India [J]. The Quarterly Journal of Economics, 2009, 124 (4): 1403 – 1448.

Hubbard, R., Nutter, D. S. Service Sector Employment in Merseyside [J]. Geoforum, 1982, 13 (3): 209 – 235.

Jacobs, J. The Economy of Cities [M]. New York: Rand House, 1969.

Jacobs, W., Koster, A., Oort, F. Co-Agglomeration of Knowledge-Intensive Business Service and Multinational Enterprises [J]. Journal of Economic Geography, 2014, 14 (2): 443 – 475.

Jeong, H., Townsend, M. Sources of TFP Growth: Occupational Choice and Financial Deepening [J]. Economic Theory, 2007, 32 (1): 179 – 221.

Ke, S., He, M., Yuan, C. Synergy and Co-Agglomeration of Producer Services and Manufacturing: A Panel Data Analysis of Chinese Cities [J]. Regional Studies, 2014, 48 (11): 1829 – 1841.

Klaus, D., Marcel, F. Changes in the Spatial Concentration of Employment Across US Counties: A Sectoral Analysis 1972 – 2000 [J]. Journal of Economic Geography, 2005, 5 (3): 261 – 284.

Klenow, P., Rodriguez-Clare, A. The Neoclassical Revival in Growth Economics: Has It Gone Too Far? [R]. NBER Macroeconomics Annual, 1997, (12): 73 – 114.

Kolko, J. Global Restructuring and Economic Reforms [J]. Taylor &

Francis Group, 2007, 6 (1): 23 –36.

Lagos, R., Rocheteau, G. Money and Capital as Competing Media of Exchange [J]. Journal of Economic Theory, 2007, 142 (1): 247 –258.

Leal, O., Julio, C. Informal Sector, Productivity, and Tax Collection [R]. MPRA Paper, 2010, No. 26058.

Long, C., Zhang, X. B. Cluster-Based Industrialization in China: Financing and Performance [J]. Journal of International Economics, 2011, 84 (1): 112 –123.

Machlup, F. The Production and Distribution of Knowledge in the United States [M]. Princeton, N. J. USA: Princeton University Press, 1962.

Maine, E. M., Shapiro, D. M., Vining, A. R. The Role of Clustering in the Growth of New Technology – Based Firms [J]. Small Business Economics, 2010, 34 (2): 127 –146.

Markusen, J. R. Trade in Producer Services and in Other Specialized Intermediate Input [J]. American Enconomic Review, 1989, 79 (1): 85 –95.

Marshall, A. Principles of Economics: An Introductory Volume [J]. Social Science Electronic Publishing, 1920, 67 (1742): 457.

Marshall, J. N., Damesick, P., Wood, P. Understanding the Location and Role of Producer Services in the United Kingdom [J]. Environment and Planning, 1987, 19 (5): 575 –595.

McCann, P. Agglomeration Economies [M]. in Karlsson, C. eds., Handbook of Research on Cluster Theory, Cheltenham: Edward Elgar, 2008: 28 –38.

Midrigen, V., Xu, D. Y. Finance and Misallocation: Evidence from

Plant-Level Data [J]. American Economic Review, 2014, (2): 422 - 458.

Munshi, K., Rosenzweig, M. Networks and Misallocation: Insurance, Migration, and the Rural Urban Wage Gap [J]. American Economic Review, 2016, 106 (1): 46 - 98.

Munshi, K., Rosenzweig, M. Networks and Misallocation: Insurance, Migration, and the Rural-Urban Wage Gap [J]. American Economic Review, 2016, 106 (1): 46 - 98.

Neffke, F., Henning, M. Skill Relatedness and Firm Diversification [J]. Strategic Management Journal, 2013, 34 (3): 297 - 316.

Peek, J., Rosengren, E. S. Unnatural Selection: Perverse Incentives and the Misallocation of Credit in Japan [J]. American Economic Review, 2005, 95 (4): 1144 - 1166.

Prescott, E. C. Needed: A Theory of Total Factor Productivity [J]. Staff Report, 1997, 39 (3): 525 - 551.

Restuccia, D., Rogerson, R. Policy Distortions and Aggregate Productivity with Heterogeneous Plants [J]. Review of Economic Dynamics, 2008, 11 (4): 707 - 720.

Restuccia, D., Yang, D. T., Zhu, X. D. Agriculture and Aggregate Productivity: A Quantitative Cross-Country Analysis [J]. Journal of Monetary Economics, 2008, 55 (2): 234 - 250.

Riddle, D. I. Service-Led Growth [J]. International Executive, 1986, 28 (1): 27 - 28.

Rodriguez-Clare, A., Fischer, F. R. Coordination Failures, Clusters, and Microeconomic Interventions [J]. Economia, 2005, 6 (1): 1 - 42.

Romer, D. Advanced Macroeconomics [M]. New York: McGraw Hill, 1996.

Romer, D. A Simple General Equilibrium Version of the Baumol-Tobin Model [J]. The Quarterly Journal of Economics, 1986, 101 (4): 663 – 685.

Scott, A. J. Flexible Production Systems and Regional Development: The Rise of New Industrial Space in North America and Western Europe [J]. International Journal of Urban and Regional Research, 1988, 12 (2): 71 – 86.

Simon, C. G., Nardinelli, C. Human Capital and The Rise of American Cities, 1900 – 1990 [J]. Regional Science and Urban Economics, 2002, 32 (1): 59 – 96.

Simonen, J., Svento, R., Juutinen, A. Specialization and Diversity as Drivers of Economic Growth: Evidence from High-Tech Industries [J]. Papers in Regional Science, 2015, 94 (2): 229 – 247.

Song, Z., Storesletten, K., Zilibotti, F. Growing Like China [J]. American Economic Review, 2011, 101 (1): 196 – 233.

Tombe, T. The Missing Food Problem: Trade, Agriculture, and International Productivity Differences [J]. American Economic Journal: Macroeconomics, American Economic Association, 2015, 7 (3): 226 – 258.

Vollrath, D. How Important Are Dual Economy Effects for Aggregate Productivity [J]. Journal of Development Economics, 2009, (88): 325 – 334.

Waugh, M. E. International Trade and Income Differences [J]. American Economic Review, 2010, 100 (5): 2093 – 2124.

Wetwitoo, J., Kato, H. High-Speed Rail and Regional Economic Productivity Through Agglomeration and Network Externality: A Case Study of Interregional Transportation in Japan [J]. Recommended Articles, 2017, 5 (4): 549 -559.

Wolfe, D. A., Gertler, M. S. Clusters from the Inside and Out: Local Dynamics and Global Linkages [J]. Urban Studies, 2004, 41 (5 -6): 1071 -1093.

Wood, P. Urban Development and Knowledge-Intensive Business Services: Too Many Unanswered Questions? [J]. Growth and Change, 2006, 37 (3): 335 -361.

Yuan, F., Gao, J., Wang, L., et al. Co-Location of Manufacturing and Producer Services in Nanjing, China [J]. Cities, 2017, 63: 81 -91.

Zhu, X. D. Understanding China's Growth: Past, Present, and Future [J]. Journal of Economic Perspectives, 2012, 26 (4): 103 -124.

图书在版编目(CIP)数据

生产性服务业集聚与资源错配改善 / 杨校美著. -- 北京：社会科学文献出版社，2022.6
（河南大学经济学学术文库）
ISBN 978-7-5228-0319-7

Ⅰ.①生… Ⅱ.①杨… Ⅲ.①生产服务 - 服务业 - 资源管理 - 研究 - 中国 Ⅳ.①F726.9

中国版本图书馆 CIP 数据核字（2022）第 109788 号

·河南大学经济学学术文库·
生产性服务业集聚与资源错配改善

著　　者 / 杨校美

出 版 人 / 王利民
组稿编辑 / 恽　薇
责任编辑 / 田　康
文稿编辑 / 赵亚汝
责任印制 / 王京美

出　　版 / 社会科学文献出版社·经济与管理分社（010）59367226
　　　　　　地址：北京市北三环中路甲29号院华龙大厦　邮编：100029
　　　　　　网址：www.ssap.com.cn

发　　行 / 社会科学文献出版社（010）59367028
印　　装 / 三河市龙林印务有限公司

规　　格 / 开本：787mm×1092mm　1/16
　　　　　　印张：12.75　字数：157千字
版　　次 / 2022年6月第1版　2022年6月第1次印刷
书　　号 / ISBN 978-7-5228-0319-7
定　　价 / 98.00元

读者服务电话：4008918866

版权所有 翻印必究